COPYWRITING

Diventa un esperto nella scrittura creativa e persuasiva in modo da creare contenuti altamente efficaci per aumentare interazioni e vendite

Alcide De Agostini

e

Giuditta Rosselini

Indice

Introduzione

Indipendentemente dal settore in cui lavori o stai cercando di entrare, il linguaggio e la capacità di comunicare in modo efficace sono delle competenze fondamentali da avere. Poiché il nostro mondo è diventato più complesso e connesso a livello globale, è aumentata anche la necessità di pensare in modo strategico e di risolvere i problemi come tali. Arrivare a trovare delle soluzioni valide ed essere in grado di implementarle, indipendentemente dal fatto che sia all'interno della tua comunità o di un'azienda, richiede la capacità di comunicare, affinché più parti interessate possano comprenderle.

La comunicazione va anche oltre: dalla necessità di farsi capire, alla necessità volta ad attirare l'attenzione, fino a ottenere una determinata reazione, da parte dei nostri interlocutori o lettori.

Chi non si ricorda gli indimenticabili slogan pubblicitari della nostra infanzia? - *Kinder Pinguì. Nutre come una merenda; Piace come un gelato, Cornetto Algida. Cuore di panna*, o quelli di quando siamo cresciuti, come *Nike Just do it; Mitsubishi mi stupisci.* O di recente il mantra politico "Make America Great Again" (Rendiamo di nuovo grande l'America")? Anche se non tutti sanno che proviene dal discorso di Ronald Reagan del 1980.

Perché questi slogan sono così potenti? Possiamo spiegare cosa li ha resi così efficaci? E come possiamo migliorare il nostro modo di scrivere e parlare, in modo da influenzare le persone che lo leggono o lo ascoltano?

Nell'era dei mass media, i messaggi persuasivi ci circondano ovunque. La retorica ha un reale effetto sul comportamento delle persone. **Le parole ci spingono**

all'azione. Guidano le nostre decisioni: da cosa comprare o cosa non comprare, all'opportunità o meno di entrare in una guerra.

La comunicazione persuasiva è ovunque intorno a noi: articoli di giornale, pubblicità varia, appelli per raccolte fondi e altro ancora. I siti di social media come Facebook, Instagram e Twitter sono ormai dei forum in cui le persone esprimono e difendono le proprie opinioni, ma anche delle vetrine dove promuovere prodotti e servizi.

Il copywriting, o la scrittura persuasiva, consiste proprio in questo: scrivere testi pubblicitari, nell'ambito del più ampio settore del marketing, con lo scopo di attirare e catturare l'attenzione del target di riferimento, così da ottenere una vendita, una qualsiasi interazione o generare un lead. Chi si occupa di scrivere tali testi è definito copywriter, o redattore pubblicitario in italiano. Il copywriter è un vero "artista", specializzato nella scrittura di testi, video o foto con l'obiettivo di vendere un prodotto, un'idea o un servizio.

Una domanda che spesso mi viene fatta è: quando si tratta di persuasione e quando di manipolazione nel copywriting?

Il copywriting è già stato oggetto di critiche, soprattutto negli ultimi decenni, quando le sue metodologie sono state migliorate con l'introduzione di concetti provenienti dalla psicologia comportamentale e dalle neuroscienze. Alcuni esperti e influencer si chiedono quale sarebbe il limite tra una buona *applicazione della persuasione* e un *tentativo di manipolazione*. Dopotutto, stiamo "portando le persone a compiere un'azione specifica", giusto? Questo interrogativo perseguita diverse aree del marketing sin dai suoi inizi come campo di studio, ma quando analizziamo l'argomento in dettaglio, è chiaro che c'è molta più disinformazione sul campo che effettiva "manipolazione".

Sono sempre stato contrario all'uso di qualsiasi tecnica di copywriting che fosse manipolativa. Ritengo l'idea di controllare la mente di qualcuno, eticamente e umanamente, sbagliata. Per me, la persuasione significa convincere gli altri attraverso degli argomenti chiaramente ragionati, sensati sul perché dovresti prendere il mio prodotto e non "ingannarti", facendoti comprare qualcosa di cui non hai bisogno. La manipolazione ti porta a comprare, senza che tu te ne accorga. Detto ciò, questo è il principio che sta alla base di questa guida, **quindi non aspettarti di trovare consigli su come manipolare, ma su come scrivere dei contenuti convincenti.**

Molto spesso quando si parla di copywriting, si parla anche di scrittura creativa. C'è chi non fa la distinzione tra la scrittura creativa e scrittura pubblicitaria, ma va detto che la creatività per un copywriter è fondamentale. Si tratta di avere la giusta creatività, per rendere ogni testo o immagine un messaggio indimenticabile, di cui in tanti si ricorderanno. Ma la scrittura creativa va oltre la scrittura tecnico-professionale/pubblicitaria. La scrittura creativa – in particolare la narrativa – non ha nessuna utilità pratica fine a se stessa. Ma lo storytelling, dove lo mettiamo?

Lo storytelling, o l'arte di raccontare/narrare una storia, viene sempre più diffuso come tecnica di comunicazione e, infine, di vendita. Ricordiamo, inoltre, che lo storytelling è il sinonimo di storie scritte o verbalizzate in modo logico, ordinato, rispettoso di una determinata struttura narrativa, rispettando il genere, il registro e il contesto che si è scelto. In tanti confondono lo storytelling con la comunicazione persuasiva, ma la cosa bella è che i due concetti non si escludono a vicenda, anzi, spesso vanno di pari passo per ottenere un risultato efficace, duraturo e quantificabile, a supporto di altre tecniche di marketing.

Ecco perché abbiamo pensato di scrivere questa guida, toccando questi due tipi di scrittura – scrittura persuasiva e scrittura creativa – che vengono combinati per ottenere un risultato efficace: vendere e aumentare le interazioni con il pubblico target.

Chi siamo noi?

Ho conosciuto Giuditta alle elementari, ci siamo persi di vista per un paio di anni, per ritrovarci poi all'università. Giuditta ha sempre amato scrivere, spesso m'incantavano i suoi racconti. Lei ha sempre saputo che avrebbe fatto la scrittrice, ha sempre amato fare questo e, di recente, ha scoperto che scrivere storie e racconti per bambini, le regala una gioia in più. Fare la mamma di tre stupende bambine e fare come lavoro la scrittrice per bambini, è la cosa più bella al mondo. Quando non scrive o non bada alle bambine, la trovi lavorare per il circolo di scrittura creativa.

Io lavoro da quando avevo 13 anni. Per ben tre anni ho lavorato nell'edilizia, dove ero il ragazzo tuttofare – spazzavo, caricavo, scaricavo, aiutavo tutti quelli che ne avevano bisogno. Ero giovane e il mio principale obiettivo era fare qualche soldo. Sognavo che un giorno avrei lasciato dietro di me la sporcizia del cantiere, il troppo sole, l'umidità e il freddo che entravano nelle mie ossa, e avrei fatto una vita da sogno. Sapevo fin da piccolo che il mio mestiere sarebbe stato ben diverso, nelle lunghe e torride giornate d'estate sognavo ad occhi aperti l'ufficio dove avrei lavorato, i vestiti che avrei indossato e la gente che avrei incontrato. Guadagnavo poco per le troppe ore di lavoro, ma ero contento perché con la prima paga avevo comprato le mie prime scarpe da ginnastica, senza dover chiedere dei soldi ai miei.

Ora sto lavorando sul mio portatile, a volte da casa, a volte in ufficio, a volte in una lounge di un aeroporto o in un ristorante in riva al mare (pandemia permettendo). Sono un copywriter e lavoro con la mente e con le parole. Ho scoperto il copywriting, mentre ero a Londra. Dopo l'università, da buon italiano desideroso di migliorare l'inglese, sono andato a vivere a Londra. Ci ho vissuto per tre anni e mezzo. Come lavoro ho fatto di tutto: lavapiatti, cameriere, operatore call center, persino fund raising. A un certo punto ho scoperto il copywriting, e me ne sono innamorato. Da allora sono passati quattordici anni e, durante tutto questo tempo, sono cresciuto, ho portato avanti campagne che hanno battuto i record di vendita, ho anche avuto degli insuccessi clamorosi, ma ho sempre amato questo mestiere.

Se qualcuno avesse detto al me sedicenne che stava spazzando il cortile, che dopo pochi anni avrebbe scritto una bella e-mail e avrebbe fatto vendite per migliaia e migliaia di euro, , lui avrebbe detto "ma sei fuori di testa?". Così come sarebbe rimasto scioccato nell'apprendere che, da oltre 100 anni, esiste una tecnica di marketing, chiamata copywriting, e che se avesse imparato a farla bene, sarebbe stato in grado di realizzare il suo sogno e finalmente lavorare in un ufficio.

Non sono un venditore innato. A dire la verità, un po' per timidezza, un po' per una scarsa confidenza, ero sempre restio quando mi venivano proposti dei lavori, dove avrei dovuto vendere. Ricordo quando facevo l'operatore call center a Londra: per settimane intere sudavo mentre facevo le chiamate, ero sempre nervoso e andavo in tilt per qualsiasi domanda fuori dallo script; la sera, quando arrivavo a casa, facevo fatica ad addormentarmi, talmente ero teso. Ma ho capito che vendere al telefono era più facile che vendere faccia a faccia. Nessuno mi vedeva, per di più io quelle persone non le conoscevo, non mi avrebbero giudicato e questo mi confortava. Lo stesso vale per chi si occupa di scrittura persuasiva o copywriting. **Vendere per**

iscritto rende la vita più facile. Puoi prenderti il tuo tempo per scrivere, leggere, rileggere, correggere, chiedere feedback, ecc. Questo mi ha incoraggiato all'inizio. E ho fatto bene ad andare avanti, perché questo mi ha permesso di crescere e migliorare.

In effetti, se ci pensi ci sono copywriters che ti hanno già venduto prodotti per centinaia o migliaia di euro. Ma se li vedessi per strada, non lo sospetteresti nemmeno. Chi vende per iscritto non deve essere carismatico, come chi vende davanti a un gruppo di persone o tramite video. Avrai solo bisogno di amare le parole, tanta creatività e tanto coraggio, e dovrai fare molto bene il tuo lavoro, come dico sempre alle persone che lavorano con me.

Ti proponiamo questa guida, dove troverai le tecniche e gli strumenti necessari per avere successo e diventare un vero esperto nella scrittura persuasiva e creativa.

I nostri consigli si basano su una combinazione di scrittura persuasiva, scrittura creativa, ma anche conoscenza del marketing. Tutto questo sarà sommato alla comprensione del mondo online, per aiutarti ad ottenere dei risultati eccellenti.

Questo libro si rivolge a tutti quelli che desiderano cimentarsi nell'arte del copywriting e imparare a scrivere contenuti validi con lo scopo di aumentare le vendite. Ma non soltanto questo! Questa guida è pensata anche per aiutare chiunque ama scrivere a realizzare un contenuto memorabile, imparando le tecniche della scrittura creativa e persuasiva.

Prima parte: Scrittura persuasiva

In tanti scrivono oggi sul web, ma non tutti riescono ad attirare l'attenzione, per non dire convincere a vendere. Perché? Perché convincere le persone dipende da tanti fattori, tra i quali: *come scrivi, che messaggio mandi, che tipo di contenuto offri loro.* La scrittura persuasiva altro non è che un complesso di elementi e tecniche, che mirano a sedurre il lettore/il pubblico e a convincerlo a venire da te.

Qualsiasi contenuto, volto a promuovere qualcosa, diventa più efficace quando suona come il consiglio di un amico. La migliore comunicazione è anche la più semplice e amichevole. Parla al tuo pubblico in modo simile al modo in cui parli alle persone nella tua vita quotidiana: questo ti darà fiducia e apprezzamento.

Quando pensi al marketing a lungo termine, non dimenticare che il primo contatto del cliente o del potenziale cliente con il tuo prodotto/servizio, con la tua azienda, è la cosa più importante. Serve a poco avere buon sito web o un'ottima landing page, se gli annunci che portano lì sono deboli. La prima interazione **del cliente con il tuo marchio è la più importante**. Se non hai vinto la sua fiducia in primo luogo, è molto difficile riconquistarla.

Meglio fare qualcosa, che non farci niente. Non aspettare che tutto sia perfetto per iniziare a promuovere i tuoi servizi/prodotti. Il momento migliore è **adesso.** Un marchio è come una persona. Ha qualità e difetti, ha un tono con cui parla e una personalità. Pensa alla personalità del tuo marchio, ai suoi valori e alle sue qualità ... e poi dovrai solo comunicare questi valori nel modo più semplice e amichevole possibile, il tutto accompagnato da buone offerte, ovviamente.

Capitolo 1

Conosci chi è la tua Buyer persona e cosa stai offrendo?

Prima di iniziare a parlare di tecniche di scrittura persuasiva o dare dei consigli su come scrivere, c'è un aspetto molto importante che dovrai conoscere: il tuo pubblico e cosa gli offri.

Conoscere il tuo pubblico/il tuo target/la tua **buyer persona** significa che potrai anticipare le sue esigenze. Immagina di fare una festa a casa tua e di invitare i tuoi amici. Se conosci i loro gusti, la festa sarà un successo. Se non hai idea di cosa preferiscono mangiare i tuoi amici, sarà un bel casino, ad esempio se il menu è a base di carne e ci sono alcuni vegetariani tra i tuoi invitati. Lo stesso accade con l'analisi del pubblico: è molto importante farla, se vuoi trasformare tanti potenziali clienti in clienti effettivi.

Un approccio incentrato sul pubblico è importante per i marchi, poiché migliora l'efficacia dei loro sforzi di comunicazione: i messaggi saranno creati e consegnati in modo appropriato. Tuttavia, identificare la *buyer persona* attraverso ricerche approfondite, a volte, è difficile, quindi l'adattamento del pubblico è spesso basato sull'uso dell'immaginazione. Esistono diversi tipi di analisi che puoi eseguire: un'analisi demografica, un'analisi psicografica e un'analisi comportamentale. La ricerca delle parole chiave, gli articoli del blog, i servizi (attuali e futuri), la call to action, le pagine del sito web sono solo alcuni elementi che ruotano intorno alla *buyer persona.*

Ecco quattro domande che possono aiutarti a definirla, nelle tue ricerche qualitative e quantitative:

- ✓ Cosa fa il potenziale cliente?

- ✓ Di che cosa hai bisogno?

- ✓ Di cosa si preoccupa?

- ✓ Come puoi soddisfare la sua esigenza?

Le risposte ti aiuteranno a definirla, ma è la segmentazione che riveste un'importanza maggiore, perché ti aiuta avere dei messaggi mirati e personalizzati. Possiamo dividere queste variabili di segmentazione principalmente in quattro aree:

- ⇒ Fattori sociodemografici: età, sesso, reddito, paese-città di residenza, educazione/istruzione, professione

- ⇒ Fattori personali: cosa ama fare, dove va, cosa fa nel suo tempo libero, che stile di vita ha, ecc. Queste sono le domande che ti poni e dovranno essere rilevanti, allineate al tuo prodotto/servizio

- ⇒ Fattori comportamentali online: quali altri marchi/aziende sta seguendo? Che influencer sta seguendo?

- ⇒ Fattori di comportamento d'acquisto: è una persona che spende? Quanto spende? Quanto risparmia se ama risparmiare? Preferisce comprare online/ in negozio?

Non sempre la *buyer persona* è la persona che dovrai targettizzare, alla quale dovrai rivolgerti per vendere il tuo prodotto o servizio. Ad esempio, pensa che il tuo cliente ideale sia un uomo e una donna di 70-80 anni. Come li troverai se non molti di loro utilizzano Internet? Devi pensare: chi prende la decisione del consumatore? I loro figli! Lo stesso vale per i prodotti/servizi per bambini, dove le esigenze sono dei bambini, ma le buyer persona sono le mamme. La buyer persona potrebbe essere una categoria o più categorie, sta a te decidere.

Sempre quando pensiamo alla *buyer persona*, dobbiamo pensare ai **pain points.** I pain points - i punti dolenti- sono quei problemi, sfide, preoccupazioni, curiosità, interessi e persino motivazioni che il tuo cliente ideale vuole soddisfare. Conoscere i *pain points* ti aiuterà a capire qual è la motivazione che lo spinge a fare una certa ricerca e poi ad effettuare l'acquisto. Conoscere i punti deboli del tuo buyer persona ti aiuterà:

✓ A entrare in empatia con il tuo pubblico target e a conoscere i loro problemi

✓ Scrivere il testo del tuo sito web

✓ Creare dei copy attraenti

✓ Stabilire la strategia dei contenuti

✓ Offrire soluzioni ai tuoi punti deboli per evitare le obiezioni

Esistono diversi modi per individuare i *pain points*, ma il più immediato e a portata di mano è fare le domande – interviste, sondaggi, telefonate.

Esercizio: *Elenca tre pain points per uno smartphone.*

Un altro elemento che dovrai conoscere è cosa offri al tuo pubblico, vale a dire il tuo prodotto/servizio. Mi dirai: "certo che lo conosco!". Bene, allora fai un passo avanti e guarda tutto quello che conosci in un'ottica di vantaggi/benefici per i potenziali clienti. Come può migliorare la loro vita/situazione attuale? Non bisogna mai confondere mai le caratteristiche di un prodotto/servizio con i suoi benefici. **La scrittura persuasiva**

ama i benefici, non le caratteristiche, che sono un linguaggio aziendalese noioso e poco efficace.

Esercizio: *scrivi tre caratteristiche e tre benefici di uno smartphone.*

Capitolo 2

Gli elementi fondamentali di una scrittura persuasiva?

Prima di iniziare, ti propongo di rivedere i pilastri della persuasione, così come vengono identificati da Robert Cialdini, il guru della persuasione come metodo di vendita, nel suo bestseller "Influence: The Psychology of Persuasion". Probabilmente hai già letto il suo libro, ma se non l'hai fatto te lo consiglio vivamente. Avrai un *aha moment*, come dicono gli americani. Ciladini chiarisce, che il comportamento umano è guidato da alcune leggi fondamentali:

- **Reciprocità:** per natura, gli esseri umani tendono a rispondere a un'azione con un'altra azione equivalente, quindi se vuoi che un consumatore faccia qualcosa per te, dovrai prima consegnargli qualcosa di valore;

- **Riprova sociale:** poiché le persone sono influenzate dagli altri, le testimonianze e le storie di successo sono delle modalità potenti per poter aumentare la credibilità dei tuoi contenuti;

- **Simpatia:** poiché tendiamo a connetterci più facilmente e avere dei legami forti con delle persone che ci somigliano, tendiamo a dare più attenzione al venditore che vive o ha vissuto un problema simile al nostro;

- **Autorità:** questo principio suggerisce che le persone sono più propense a rispettare coloro che giudicano "superiori", non nel senso letterale della parola, ma in un particolare argomento. Ad esempio, diamo più ascolto a chi, in una determinata nicchia, è più specializzato, ad esempio medici, avvocati ecc.

- **Impegno e coerenza:** quando le persone s'impegnano pubblicamente in qualcosa, si sentono psicologicamente spinte a comportarsi per arrivare al risultato annunciato;

- **Carenza:** questo *trigger* si attiva quando ci rendiamo conto della possibilità di perdere qualcosa e acuisce il nostro desiderio, per liberarci dalla sensazione di smarrimento. Semplicemente: le persone vogliono di più qualcosa che non possono avere o che fanno fatica ad avere.

Se desideri essere convincente, non dovrai tralasciare questi sei principi, che potresti persino combinare nel tuo messaggio. Cerchiamo sempre di convincere gli altri ad accettare le nostre opinioni, e altre persone fanno esattamente la stessa cosa con noi, se ci pensi bene. Da un colloquio di lavoro, a una discussione di politica al tavolo di un bar, da una proposta di relazione alla scelta di un piatto a cena, questi sono momenti dove la persuasione entra in gioco. Il copywriting diventa il campo di battaglia, dove la persuasione è di casa. Vediamo quali sono gli elementi fondamentali delle tecniche del copywriting?

- INCIPIT GIUSTO

L'incipit, ovvero la parte iniziale, è fondamentale per spingere il nostro potenziale cliente a continuare la lettura e dedicarci qualche altro minuto. Dedicare qualche minuto in più a questa parte del testo, ci darà maggiori possibilità di successo.

La **tecnica del gancio** (un titolo di forte impatto, adattato alla buyer persona, una domanda, un'affermazione dettata da un risultato di un sondaggio o di una ricerca) o quella di raccontare una bella storia, queste sono solo alcune tecniche che possono essere utilizzate per elaborare un incipit d'impatto.

Fermiamoci un momento a parlare del titolo. Il titolo, sia di un'email, di un post o di un articolo di un blog, è la prima cosa che il lettore legge. I lettori dedicano mediamente dai 5 secondi, per leggere un titolo, ai 12 secondi per ispezionare il contenuto di un'e-mail. Ciò significa che non avrai molto tempo per convincere quel lettore. Ecco perché il titolo dovrà essere convincente e invitante. È qui che si concentrerà gran parte del tuo lavoro. **Qui potrai presentare sia l'idea centrale del testo, che l'invito all'azione.**

Il titolo deve essere originale, creativo, contenente le parole chiave, che chiami all'azione, e chiaro.

Esercizio: *Prendi carta e pena (sì, carta e penna, anche se sei abituato a scrivere al computer) e scrivi il titolo (massimo 100 caratteri) di questo testo. Il titolo sarà pubblicato sui social media da un gruppo di studenti delle scuole superiori.*

"La prossima settimana, tutti gli studenti del Liceo Dante Alighieri andranno a Roma per partecipare a un evento sullo sviluppo sostenibile. Tra gli invitati ci saranno rappresentanti dell'UE e del Ministero dell'Istruzione. L'evento si svolgerà presso il Palazzo Farnesina, dalle 10:00 alle 14:00. La partenza è prevista per le ore 08:00. Il trasporto è messo a disposizione dagli organizzatori".

Nota bene: oltre il 90% di quelli che fanno questo esercizio elabora dei titoli poco accattivanti, noiosi e non prende in considerazione il vero target – gli studenti delle superiori. Se ho ragione, il tuo titolo suonerà così: "Il rappresentante UE sullo sviluppo sostenibile parteciperà all'evento X" o "Il rappresentante UE ci parla dello sviluppo sostenibile".

Veramente?!!! Stai scherzando? Perché degli studenti delle superiori dovrebbero essere interessati a sentir parlare i rappresentanti dell'UE sullo sviluppo sostenibile?

Un titolo adatto a questo esercizio sarebbe stato "Martedì prossimo non ci sono lezioni", per poi continuare, spiegando il perché. Non pensi che avresti attirato più attenzione con un titolo del genere, piuttosto che con quello noioso di prima???

Se hai scritto qualcosa del genere, congratulazioni! O sei ancora uno studente delle superiori o sei una persona molto empatica e hai capito subito come gira il mondo!

- USA LE STATISTICHE, I NUMERI, I RISULTATI DI VARI SONDAGGI O RICERCHE

Se utilizzi dei numeri nel titolo, chi sta leggendo avrà già un'idea di quanti suggerimenti saranno forniti in tutto l'articolo. Ad esempio: "Informazioni su 10 metriche importanti per un call center che devi conoscere". Se la tua intenzione è provare le informazioni che ti vengono fornite, per dare ancora più credibilità a ciò che dici, cita dati e ricerche, senza dimenticare di collegare l'URL da cui hai ottenuto le informazioni. Si sa che espressioni come "secondo i ricercatori britannici", così generiche, danno la sensazione che il messaggio non sia vero.

- ANTICIPA LE OBIEZIONI

Uno degli obiettivi principali del copywriting è contrastare le obiezioni, in altre parole quei dubbi che il tuo follower o potenziale cliente ha sulla tua azienda o sul tuo prodotto. Queste obiezioni dovranno essere identificate sin all'inizio, durante la ricerca e l'identificazione della buyer persona, ma possono essere migliorate e aggiornate in base al comportamento del tuo pubblico e, anche, dei tuoi concorrenti. Come un buon venditore, il copywriter dovrà essere pronto a gestire qualsiasi domanda del lettore. Perché? Prendiamo come esempio un'agenzia turistica che vuole promuovere i viaggi alle Maldive. Diciamo che una possibile obiezione per gli interessati potrebbe essere il rischio dell'infezione da Covid. Bene, il copywriter potrebbe certamente far tornare a suo favore quest'obiezione, e indicare nel suo copy che esiste l'assicurazione con la copertura in caso di infezione da Covid, o che la destinazione è diventata Covid-free.

- TESTO CHIARO, ORDINATO, STRUTTURATO

Hai mai notato come alcuni post, articoli, libri o scritti in generale siano più facili da leggere rispetto ad altri? Tutto fila liscio, i collegamenti sono fatti molto bene, tutto scorre logicamente. Ebbene, è probabile che il "colpevole" sia la struttura. Il punto è che la stragrande maggioranza degli scrittori che rispettiamo enfatizza la struttura. Garcia Marquez, ad esempio, non ha mai iniziato un libro senza avere una struttura chiara e ben dettagliata. Molte volte, diceva che sapeva quante pagine il libro avrebbe dovuto avere alla fine, anche quando si parlava di mammut, con oltre 600 pagine come in "Vivere per raccontarla", la sua biografia. Pensa alla tua struttura e seguila. Più avanti avrai anche degli esempi di tecniche e metodi da seguire per la struttura del tuo copy.

- TESTO BREVE. **KISS, KISS.** *Keep it Short and Simple* o *Keep it Smart and Simple.*

Per lo stesso motivo per cui il nostro testo dovrebbe essere chiaro e ordinato, esso dovrebbe essere anche breve. Vi è mi capitato di aprire un link o scaricare un testo o una email e notare che ~~era~~ fosse davvero molto lungo? Cosa avete fatto?

Salvo che non v'interessasse davvero, dubito che abbiate continuato a leggere l'articolo. E non siete i soli. Da alcune ricerche, è emerso che i contenuti web che vengono letti maggiormente sono quelli più brevi.

- SEMPLICITÀ LESSICALE

Immaginate di leggere un libro ed essere costretti ad aprire di continuo il vocabolario, a causa di termini arcaici o strettamente tecnici. Difficilmente leggeremmo il libro fino alla fine. Quando scriviamo un testo di vendita, questo non deve mai accadere. Chiunque esamini il nostro articolo deve essere in grado di capire cosa sta leggendo. Se non comprende ciò che legge, in effetti, come potrà decidere di diventare nostro cliente? Sarà impossibile. Ecco perché è importante utilizzare vocaboli di uso corrente, non ricercato e tecnico. Ricorda: il tuo **obiettivo è di spingere il cliente ad agire**.

- VOCABOLARIO

Esprimi sempre cosa vuoi concretamente: vuoi che il tuo interlocutore decida, vuoi che si fidi di te, vuoi che ti chiami, vuoi che senta qualcosa, ecc. Metaforicamente parlando, quando prendi un taxi e non dici all'autista la tua destinazione, non può portarti dove vuoi, non importa chi sei. Allo stesso modo, quando si tratta di clienti, dì loro cosa vuoi, dì loro cosa vuoi che facciano. Elimina le ambiguità e usa parole che esprimano l'azione finale che vuoi dall'interlocutore. È anche molto importante utilizzare parole che riducano l'impatto negativo sul cliente. Sostituisci il problema con una situazione o il costo con un investimento o un valore.

Il vocabolario va curato nel senso di usare sempre le parole convincenti, che possono avere un impatto:

- o Usa parole che esprimano un'azione (decidi, fidati, sono felice, ecc.)

- o Usa un linguaggio positivo (successo, benefici, vantaggio, ecc.)

- o Cambia le parole che infastidiscono l'interlocutore in parole che piacciono all'interlocutore (ad esempio, usa investimento o valore invece di tasse)

- o Rimuovi il "no" dal vocabolario

Esercizio: rimuovi il NO dalle frasi dei tuoi contenuti/messaggi e riformulale positivamente come negli esempi sotto:

Non dimenticare di ... → Ricordare

Non comprare dalla concorrenza! → Acquista da noi!

Capisco che hai un problema → Faccio del mio meglio per trovare una soluzione

Non è costoso → È un ottimo prezzo

Vorrei dirti → Vorrei che tu vedessi e sentissi

Puoi chiamarci → Chiamaci ogni volta che possiamo esserti utile!

Come possiamo aiutare? → Cosa possiamo fare per te?

Prezzo → Valore, Investimento

Tassa → Investimento

Una serie di funzioni → Una serie di vantaggi

È economico → È fantastico

Non posso adesso → Posso in X minuti

Non capisci → Lascia che ti spieghi ancora una volta

Problema →Situazione

Non sei interessato → Penso che tu possa essere interessato

Hai ragione, ma →*Hai pienamente ragione e penso che*

Non mi capisci → *Come ti saresti sentito al mio posto?*

Non fraintendermi → *Capisci esattamente cosa voglio dirti*

Capisco →*So come ti senti*

Voglio dirtelo → *Perché è importante ... Voglio spiegare*

Sì, ho capito → *Molto interessante, sono totalmente d'accordo*

Mi sento bene → *Sono davvero felice*

Offerta → Privilegio, vantaggio

- FOTO D'IMPATTO

Chi ha detto che una foto vale più di mille parole aveva davvero ragione. Un'immagine, se scelta con cura, può toccare il cuore del nostro lettore e spingerlo ad agire. Una cosa che il web ci permette di fare, è di poter usare il potere delle immagini. Se una stampa a colori è molte volte più costosa di una in bianco e nero, online il colore non ti costa nulla.

Prova a immaginare come sarebbe promuovere una località turistica senza mostrare alcune immagini? Se pubblichi un'immagine con la persona di cui stai scrivendo, il lettore sarà molto più connesso a lui e al tuo testo. Usa quindi il potere delle immagini!

- STRINGERE LEGAMI CON I CLIENTI

Di chi vi fidate di più, di qualcuno che conoscete o di un estraneo? Tutti noi ci fidiamo di chi conosciamo o abbiamo avuto modo di conoscere. Per questo motivo, per rendere più efficaci tutti i consigli dati finora, dobbiamo cercare di stringere un legame con loro. Ma com'è possibile stringere un legame di amicizia con dei perfetti estranei? Lo si può fare attraverso le newsletter, rispondendo ai loro commenti e ai loro messaggi e interagendo con loro tramite i social network.

- SINCERITÀ.

È vero che bisogna fare in modo che il nostro lettore si soffermi sull'aspetto, che lo spingerà ad acquistare ciò che stiamo cercando di vendergli, ma non dobbiamo mai mentire, poiché questo ci farebbe perdere di credibilità. Se facciamo una promessa all'inizio del post/del testo, come per esempio "metti mi piace alla mia pagina e in omaggio avrai un campione gratuito", dobbiamo dare al nostro cliente ciò che abbiamo promesso. Se non lo faremo, questo ci penalizzerà e invece di trovare più clienti, perderemo anche quelli che già abbiamo.

- CALL TO ACTION

Letteralmente "Chiama all'azione", la *call to action* è una delle prime tecniche della scrittura persuasiva che dovrai imparare a gestire. Un esempio di Call to Action che tutti noi conosciamo molto bene è "Compra adesso". Se usata nel modo giusto, ti permette di attirar l'attenzione dei tuoi clienti o di allargare la tua cerchia. Rifletti bene sulla Call To Action più efficace per il tuo target e usala nel modo più corretto per il tuo mercato online.

La **tecnica dello storytelling** è uno dei metodi di persuasione più efficaci e di maggior successo nel copywriting. Per una forte efficienza, si consiglia di usarlo in combinazione con una delle altre strategie. Le storie aiutano le persone a sentire veramente quello che stai trasmettendo e a mettersi al centro dell'azione. È un ottimo modo per convincerli e trasmettere il loro messaggio nel modo giusto. Un buon contenuto si basa su una storia forte e reale che aiuterà il tuo pubblico a capire meglio cosa vuoi trasmettere. Ti consiglio di leggere il capitolo dedicato allo storytelling.

Una tecnica nel copywriting è di dare al lettore **una breve occhiata al futuro.** Se offri un'estrapolazione di alcuni eventi futuri o azioni dell'azienda in futuro in modo convincente, il contenuto che stai scrivendo sarà un successo clamoroso. Questa tecnica si basa sulla credibilità e sulla fiducia che il pubblico ripone nell'azienda. Se non hai idea di cosa stai parlando o promettendo, finirai per perdere la tua credibilità davanti al pubblico. Le parole *perché, come* o principalmente quelle che spiegano perché una persona dovrebbe ascoltare l'impulso di un'azienda, sono molto efficaci. Svariati studi psicologici hanno dimostrato che le persone hanno maggiori probabilità di conformarsi a un impulso o un'azione, se viene data loro almeno una ragione per farlo. Più il motivo è legittimo, più facile sarà per le persone accettare l'impulso. Questa strategia che utilizziamo ogni giorno nelle nostre attività sociali può rivelarsi una tecnica di copywriting convincente.

Un'altra **tecnica** usata **spesso** è quella **della comparazione.** L'umanità ha sempre usato analogie e metafore per chiarire le idee e ci sono alcune ragioni per cui questa strategia funziona così bene. In primo luogo, le persone sono più ricettive alle informazioni familiari. Dopotutto, lo sforzo utilizzato per comprendere un concetto totalmente nuovo è maggiore, rispetto a quello necessario per comprendere qualcosa che è già noto o implicito. Inoltre, il nostro cervello costruisce nuovi ricordi, stabilendo connessioni tra loro. Pertanto, se riuscissi a sollevare un concetto che è familiare al lettore e ad associare quell'informazione all'idea che stai trasmettendo, le possibilità di consolidare il contenuto nella sua mente diventerebbero esponenziali. Tuttavia, è importante evitare confronti diretti con la concorrenza, soprattutto se le tue linee riducono i prodotti o i servizi di altre società. Oltre a non essere una condotta etica, questo tipo di atteggiamento susciterebbe dei sospetti.

La tecnica del **problema** e/o quella del **beneficio** funzionano benissimo quando il target è molto ben definito. La tecnica del problema **si concentra sul problema, per poter offrire subito una soluzione**, che può essere il nostro prodotto o servizio. Diventa ovvio, che l'empatia diventa un elemento obbligatorio nel descrivere il problema. La tecnica del beneficio inizia quindi offrendo un beneficio come risposta a un'esigenza (che dovrai conoscere) del potenziale cliente. Il beneficio altro non è altro che il raggiungimento del suo obiettivo, una volta letto i tuoi consigli/fatto quello che tu lo inviti a fare.

Capitolo 3

Il metodo AIDA

Se sei nuovo nel copywriting o sei un copywriter che fissa una pagina vuota e non riesce a escogitare niente, il metodo AIDA è un "valido strumento", che produce ottimi risultati.

L'acronimo AIDA si riferisce ai termini Attenzione, Interesse, Desiderio e Azione. Queste sono le parole chiave per identificare le fasi che ogni prodotto o servizio affronta durante il suo "ciclo di vita". Conoscerle è indispensabile, per avviare una corretta strategia di marketing in generale. Il metodo AIDA nasce nel lontano 1898 grazie al contributo dello statunitense Elmo Lewis, il quale formulò il modello tripartitico *attract attention, maintain interest, create desire* (in italiano: attirare l'attenzione, mantenere l'interesse, creare un desiderio); il modello fu completato più tardi con *get action*.

Il metodo, o modello o formula AIDA, viene utilizzato in tutti i tipi di marketing digitale e pubblicitario offline: pagine web, e-mail, pubblicità a pagamento, direct mail, telemarketing, e persino annunci radiofonici e televisivi.

In base alla fase in cui si trova il prodotto, bisogna attuare strategie diverse, per ottenere i risultati migliori.

1. ATTENZIONE

Durante questa prima fase, quella della *brand awarness*, l'obiettivo è di attirare l'attenzione del nostro potenziale consumatore, portandolo a credere che abbia una necessità o desiderio da soddisfare. Dal momento però, che non possiamo soddisfare tutti, dovrai scegliere la *buyer persona* a cui a fare riferimento. Dopo di che, potrai iniziare a fare delle ricerche, per conoscere in modo più dettagliato i tuoi futuri consumatori.

Cerca di fare una profonda segmentazione del tuo pubblico, in modo da scoprire più elementi possibili: scoprire il loro budget, le loro esigenze specifiche, se uomini o donne, in quale fascia d'età, che altri interessi o hobby hanno principalmente, il livello d'istruzione, quali frustrazioni hanno circa i prodotti già sul mercato, ecc. Ora, con l'aiuto di un grafico, realizza dei messaggi mirati che attirino la loro attenzione.

Se riesci a creare titoli e contenuti che attirino l'attenzione e coinvolgano il tuo pubblico, stimolerai una curiosità che porterà il tuo pubblico a scoprire cosa fa effettivamente il tuo marchio. Qui di seguito alcuni suggerimenti che possono aiutarti creare un messaggio che attiri l'attenzione:

✓ Usa i numeri, le statistiche

⇒ *10 modi per non mollare la tua dieta*

⇒ *10 consigli per smettere di fumare definitivamente*

⇒ *100 cose che non sapevi ....*

⇒ *Il 90% delle persone molla la dieta nei primi 3 giorni*

✓ Fa delle domande per suscitare curiosità, giocando sui punti deboli/le frustrazioni nel tuo pubblico target

⇒ *Sei stanco di iniziare ogni Lunedì una nuova dieta?*

⇒ *Non puoi smettere definitivamente di fumare?*

⇒ *Lo vorresti...?*

⇒ *Sai perché X% delle persone non raggiungono ...?*

✓ Enfatizza i vantaggi

Non credo sia necessario dirti che le persone non vogliono conoscere le caratteristiche tecniche di un prodotto, ma cosa possono ottenere grazie a queste caratteristiche. Parla la loro lingua. Una formula di successo è quella presentare **il Risultato finale + Periodo di tempo specifico + Obiettivo**

> ⇒ *Come aumentare le visite al tuo sito web del 90% in 3 mesi senza conoscere la SEO.*

> ⇒ *Come perdere 5 kg al mese per 3 mesi senza fare la fame*

✓ Usa parole negative + Combinazione dei fattori citati sopra.

Sembra una bugia, ma a volte le parole negative attirano maggiormente l'attenzione, sia per paura, che per qualsiasi altro fattore. Quindi, puoi includere parole come "No", "Mai", "Mai"

> ⇒ *Le 5 cose che non faresti mai se ...*

> ⇒ *Non avevi mai pensato che ...*

> ⇒ *Non ci crederai...*

Vorrei soffermarmi sul **titolo scelto** perché, a mio parere, diventa l'elemento sui generis con il quale possiamo attirare l'attenzione. Il titolo di una email, di un articolo di blog o di una pagina web, di un post su social, non importa di che natura esso sia, diventa il nostro alleato per attirare l'attenzione. Ci sono delle formule che funzionano e che ti consiglio vivamente. Ecco alcuni esempi e perché funzionano:

> ⇒ *Il segreto di .....* → ci fa sentire importanti, appartenenti a una categoria privilegiata a cui viene svelato il SEGRETO

⇒ *Scopri la formula di successo per ....* (a chi si rivolge, ad esempio *gli esperti in copywriting*) → stai offrendo un aiuto/consiglio molto specifico a una categoria ben determinata

⇒ *Scopri il modo rapido per ...* (risolvere il problema) → come sopra, si tratta di un consiglio specifico, da usare immediatamente

⇒ *Dimentica ....* (il problema) *per sempre* → a chi non piacerebbe sbarazzarsi di un problema per sempre?

⇒ *Impara a cantare* (fare qualcosa) *come Andrea Bocelli* (citare un personaggio noto nel suo campo) → a chi non piacerebbe sentir associato la sua professione/hobby con l'expertise di un noto personaggio?

⇒ *Quello che tutti dovrebbero conoscere su ...* (una determinata questione, ad esempio *la finanza*) o *Quello che nessuno dice su ....* (una determinata questione) → stai dicendo loro che dovrebbero sapere questa cosa

⇒ *Batti la concorrenza ......* (facendo cosa, ad *esempio migliorando la customer satisfaction con queste 5 tattiche*) → stai dicendo loro un dato di fatto: la concorrenza esiste e tutti vorrebbero batterla, a maggior ragione leggere come si potrebbe fare

⇒ *Come ......* (fare qualcosa, ad. es. *dimagrire*) *quando ....* (in un determinato contesto, momento, ad esempio *si fa una vita sedentaria*) → per le persone in cerca di risposte. Funziona anche perché le persone ci si possono ritrovare nella situazione data

2. INTERESSE

In questa fase, entra in gioco il consumatore in modo diretto. Infatti, essendosi reso conto di avere una necessità ed essendosi deciso a soddisfarla, cerca maggiori informazioni. In questa fase, è essenziale stringere un rapporto di empatia verso il cliente. Il consumatore deve essere sicuro che la tua azienda s'interessi di lui. Usa messaggi pubblicitari che emozionino il cliente e lo facciano sentire speciale. Puoi farlo spiegando ai potenziali clienti che il problema che devono affrontare, sta influenzando negativamente le loro vite. Puoi farlo con lo *storytelling* (più avanti c'è un capitolo dedicato) o un altro metodo che faccia "sentire" all'individuo il suo problema più urgente, portandolo a cercare una soluzione definitiva.

La chiave per questa fase **è rendere il problema personale, in maniera tale che tu possa parlare solo al potenziale cliente e a nessun altro.**

Ecco alcuni esempi:

⇒ *Ho preparato un video di 2 minuti, in cui ti spiego come lavora il personal trainer, in modo che gli allenamenti e il piano alimentare non siano un peso e una fonte di stress, ma un motivo di gioia e benessere*

⇒ *Guarda questo video, dove spiego due passi da compiere per smettere di fumare definitivamente.*

3. DESIDERIO

In questa fase, sei chiamato a far vedere ai tuoi potenziali clienti come la tua offerta possa risolvere i loro problemi. Spiegherai le caratteristiche del tuo prodotto o servizio e tutti i relativi vantaggi. Dovresti quindi illustrare come i vantaggi soddisferanno le esigenze dei tuoi potenziali clienti. Le tecniche comuni includono le foto *prima e dopo*, che vengono utilizzate da prodotti per la pulizia, diete, ecc. e chiunque altro cerchi di cambiare positivamente la vita. Il tuo pubblico dovrà essere in grado di vedere come le tue offerte possano migliorare le loro vite, sia che si tratti di ricchezza, salute, romanticismo o altro bisogno disperato.

Se fatto correttamente, i tuoi potenziali clienti saranno pronti per fare un acquisto. Questa è la fase più difficile, perché è qui che si concentrano tutti gli sforzi del copywriter per creare un contenuto unico, realistico e accattivante.

Ecco alcuni esempi:

⇒ *Se perdere peso è la tua più grande ambizione, io ti posso aiutare.*

⇒ *Ecco come ho fatto per perdere peso* (offri dettagli su un caso studio).

4. AZIONE

Una volta che sei riuscito a creare il desiderio, il passo successivo è convincere i potenziali clienti agire immediatamente. Se vendessi di persona, questa è la fase in cui dovresti concludere la vendita. Nel digital, si usa creare un senso di urgenza, offrendo un affare per un periodo limitato o includendo un bonus speciale a chi agisce rapidamente. Se desideri che più potenziali clienti agiscano in questa fase di AIDA, dovresti rendere tutto molto facile per loro. Aggiungere, ovunque sia utile, il pulsante Call to Action in modo che i potenziali clienti possano fare clic per acquistare senza dover scorrere.

Ecco degli esempi di verbi che invitano all'azione (seguiti sempre di *adesso, oggi, gratis*, ecc.):

⇒ *Unisciti a noi*

⇒ *Tu puoi essere il prossimo a ...*

⇒ *Iscriviti*

⇒ *Scarica*

⇒ *Prova*

⇒ *Ottieni lo sconto*

⇒ *Chiama*

⇒ *Acquista*

⇒ *Inizia*

⇒ *Partecipa*

Spesso si crea confusione riguardo l'Interesse e il Desiderio. Per vedere l'interesse e il desiderio in gioco, pensa alle pubblicità comuni che potresti aver visto. Gli spot pubblicitari iniziano mostrandoti un problema (Attenzione), poi mostrandoti che esiste una soluzione (Interesse). Le pubblicità passano attraverso tutte le varie caratteristiche e benefici che cambieranno la tua vita in meglio, aiutandoti a cucinare meglio, a pulire meglio o a perdere peso più velocemente (Desiderio). Infine, le pubblicità colpiscono anche grazie a un numero di telefono e un invito all'azione, per dare luogo all'Azione stessa.

AIDA, o qualsiasi altra formula di marketing, funzionerà solo quando il tuo messaggio sarà perfettamente allineato con i tuoi potenziali clienti, la buyer persona, che dovrai conoscere benissimo.

Esercizio: *Usa il metodo AIDA per un copy che promuove/vende un elicottero.*

Capitolo 4

Di che cosa hai bisogno per fare il copywriter?

Se sei un falegname, è indispensabile avere alcuni attrezzi di falegnameria.

Se sei un copywriter, è molto utile avere alcuni strumenti di copywriting! Gli strumenti per scrivere un testo di successo si dividono principalmente in tre categorie: gli strumenti di base, le qualità da sviluppare per fare il lavoro del copywriter e gli strumenti tecnici. Gli strumenti di base sono quelli usati da tutti, ma che sono alla base di questa figura professionale.

- IL DIZIONARIO. Per poter scrivere un testo scorrevole e lineare, è assolutamente necessario avere un dizionario a portata di mano.

  Che sia cartaceo o elettronico poco importa, l'importante è usarlo ogni qual volta abbiamo un dubbio sulla corretta scrittura di un termine o più semplicemente nel cercare sinonimi per non ripetere gli stessi termini più e più volte.

- IL CALENDARIO. Molto utile per segnare gli impegni, il calendario ci aiuterà a rispettare le scadenze senza stressarci troppo o dimenticare una consegna importante.

- UNO STRUMENTO VALIDO PER SCRIVERE. Uno scrittore professionista dovrebbe usare carta e penna o scrivere direttamente al computer? Non c'è una risposta corretta e una sbagliata. Tutto dipende da come ti possa trovare meglio. Ma allora, perché l'ho inserito negli strumenti? Per farti capire che non dovrai usare uno strumento piuttosto che un altro, solo perché altri non sono d'accordo con il tuo metodo di lavoro. Chi deve scrivere sei tu. Perciò il mio consiglio è questo: provali entrambi e poi usa lo strumento con cui ti trovi meglio. Non scegliere soffermandoti sullo strumento che ti farà risparmiar più tempo. Se non è quello giusto, perderai il doppio delle ore in fase di revisione.

Tra gli strumenti del copywriter pero, ci sono anche le cosiddette qualità indispensabili:

- L'AMORE PER LA GRAMMATICA. Ti è mai capitato di leggere un testo scritto così male da non riuscire a capire nulla di ciò che l'autore voleva trasmettere? A me è capitato. La storia era molto bella, ma non sono riuscita a finire di leggerla, perché era piena di errori lessicali e di grammatica. Quando si scrive un testo, è fondamentale utilizzare un vocabolario il più appropriato possibile. Possiamo anche scrivere un contenuto interessante, ma se usiamo una parola al posto di un'altra, o peggio ancora parole inesistenti in italiano, perché spesso tradotte male dall'inglese, il nostro testo varrà zero.

- AMARE LEGGERE. Per poter scrivere bene, una delle cose da fare è leggere molto e di tutto. Non solo romanzi, ma anche articoli, guide, e qualsiasi altra cosa possa aiutarti ad arricchire il tuo vocabolario. Più leggerai e più noterai che i tuoi testi acquisiranno un valore maggiore. Inoltre, leggendo troverai l'ispirazione per futuri testi e acquisirai competenze tecniche specifiche per scrivere contenuti sempre migliori.

- UNA BUONA IMMAGINAZIONE E CREATIVITÁ. Quando scrivi per lavoro, l'immaginazione è indispensabile. Questa ti aiuterà a scrivere bei testi e soprattutto originali. Ma, affinché l'immaginazione ci sia di aiuto, bisogna allenarla. Infatti, quando scrivi riguardo a qualcosa che hai letto, c'è il pericolo che la tua mente ti giochi brutti scherzi e inizi non a immaginare, ma a copiare. Perciò potresti allenarti dedicando qualche minuto al giorno, pensando a come hai trascorso la giornata e immaginando come vorresti trascorrerla il giorno successivo. Nella seconda parte, troverai degli esercizi di scrittura creativa che ti potranno aiutare a stimolare la tua immaginazione, anche se dovrai scrivere un romanzo domani.

  Così facendo, imparerai a usare la tua immaginazione senza usare i ricordi e questo ti sarà di grande aiuto, quando dovrai usarla per creare testi inediti e originali.

- EMPATIA. Questa qualità verrà menzionata molto spesso. Questo perché, per attirare un numero sempre maggiore di persone, dobbiamo capire cosa desidera il nostro pubblico e come poterlo accontentare. Come un bravo psicologo capisce il problema del suo paziente e lo aiuta a superarlo, un bravo copywriter deve capire le esigenze dei suoi lettori e cercare di rispondere con il suo prodotto finale. Per farlo, dobbiamo avere ben chiaro in mente cosa interessa loro, così da poter creare un contenuto che lo appassioni e lo spinga ad agire.

Agli strumenti di base e alle qualità, si aggiungono gli strumenti tecnici. Questi non sono indispensabili, ma ci semplificano la vita e ci aiutano a dare il meglio di noi.

Così come per la scelta degli strumenti da usare, se il cartaceo o l'elettronico, ti consiglio di provare ognuno di questi strumenti e successivamente utilizzare solo quelli che ritieni migliori per te.

- EVERNOTE. Evernote è una specie di salvadanaio editoriale che ti aiuterà a essere più produttivo e liberarti da post it, libricini e foglietti di carta sparsi per tutta la casa.

- CARTELLA "IDEE GENIALI". Quello che ti consiglio è di prendere nota e salvare tutto quello che attira la tua attenzione, dai titoli, a messaggi d'impatto, foto o qualsiasi altro elemento che possiate trovare geniale/divertente e che possa servire come inspirazione in futuro. Crea, ad esempio un documento con il nome "Ottimi titoli" e salvalo in questa cartella. Vedrai quanto ti sentirai bene, quando non avrai ispirazione. **Aiuta ad accendere la scintilla della creatività.**

- TIMER DA CUCINA. Sicuramente ti starai chiedendo "Che me ne faccio di un timer da cucina?" Quando, anni fa, me l'hanno consigliato, ho pensato la stessa cosa anch'io. Fino a quando non l'ho usato. Lo scopo di un timer da cucina è di spronarci a scrivere senza dedicarci a nient'altro. Non dobbiamo far altro che attivare il timer per quindici minuti e scrivere di getto. Allo scadere del tempo, possiamo prenderci una breve pausa di cinque, sei minuti e continuare a scrivere per almeno altri quindici minuti. Con il passare del tempo, si può aumentare il tempo da dedicare alla scrittura, così da abituarsi gradualmente a scrivere sempre di più.

- OFF TIME. Questa meravigliosa applicazione è molto utile per chi non riesce a vincere la tentazione di controllare le e mail, o le notifiche dei social network mentre studia o lavora. Dandoci la possibilità di selezionare i contatti che possono comunque contattarci in caso di emergenza, ci permette di stare sereni, ma allo stesso tempo dedicarci completamente alla scrittura.

- UBERSUGGEST. Piattaforma gratuita, permette di ricercare le parole chiave riguardo a un argomento così da poter scrivere un contenuto ottimizzato, così che possa essere trovato subito dai motori di ricerca, come Google. Mostrandoci cosa cercano gli utenti sul web e le parole maggiormente digitate per trovare prodotti, servizi o anche semplici informazioni, ci permette di scrivere contenuti di grande valore e utili a un pubblico più vasto.

- CANVA. Se le tue competenze informatiche non sono elevate e il tuo budget non ti permette di assumere un grafico esperto, Canva è ciò che fa per te. Molto semplice da usare, permette di creare immagini belle e ottimizzate per il proprio sito web o blog.

- TIN EYE. Quante volte ti è capitato di trovare un'immagine davvero bella su un sito, ma non riuscendo a contattare il proprietario, non hai potuto usarla? Tin Eye è lo strumento adatto per fare proprio questo. Dopo aver caricato l'immagine, o copiato il codice URL, TinEye dentifica la fonte, aiutandoti a rintracciare il fotografo e chiedere il permesso per utilizzarla sul tuo sito web o blog.

Capitolo 5

SEO: Come farsi amare dai motori di ricerca

Il 73% di tutte le visite sui siti web viene generato dai motori di ricerca; i social generano solo il 5% delle visite. Poco? Anche a me ha stupito questo dato, ma se ci penso bene, potrebbe essere così. Quand'è l'ultima volta che hai visitato un sito web di un'azienda produttrice di rubinetti, che hai visto su Instagram? Non te lo ricordi? Nemmeno io... ciò significa che veramente vale la pena rendere il tuo sito ottimizzato. Non tutti i siti sono ottimizzati, nonostante sia la cosa più normale da fare quando si crea un sito, no? Uno studio di Ahrefs mostra che il 90,88% di tutte le pagine web attira 0 traffico dai motori di ricerca. Sì, hai letto bene, ZERO. Tutto lo sforzo fatto per creare siti, per ottimizzarli e poi il traffico organico è inesistente. Perché? Perché i siti non sono ottimizzati? Forse non lo sanno fare o non l'hanno fatto bene.

Ti starai domandando cosa c'entra la SEO con la scrittura persuasiva. C'entra molto.

Il termine SEO è l'acronimo di Search Engine Optimization. Letteralmente tradotto "ottimizzazione per i motori di ricerca", è l'insieme delle strategie e regole che hanno lo scopo di aumentare la visibilità di un sito web o blog, basate sull'algoritmo di Google, il motore di ricerca più utilizzato al mondo. All'inizio quando è apparso, Google voleva soltanto che tu avessi un sito ben funzionante. Questo era lo stato di Internet all'epoca. Se il tuo sito web era funzionante, veniva mostrato nei primi risultati. Inoltre, stiamo parlando degli anni 2000, quando l'ottimizzazione SEO di un sito non era facile. Adesso, l'accento viene messo sull'esperienza dell'utente quando si accede a un sito web.

La SEO non è più una cosa molto tecnica, in quanto l'aspetto tecnico rappresenta solo un quarto di ciò che significa SEO. E la maggior parte delle volte è la parte più semplice da fare.

Il cambiamento portato da Google e il passaggio da *technical oriented* a *customer oriented* è stato una boccata d'aria fresca. Infatti, nella SEO, il principio del 20% delle azioni che porta l'80% dei risultati, funziona benissimo.

Per capire meglio cos'è la SEO o cosa significa SEO, vediamo come funzionano i motori di ricerca. I motori di ricerca sono il portale, attraverso il quale accediamo alle informazioni su Internet (es. Google, Bing, Yahoo Search). Ma dietro quelle semplici interfacce che tutti conosciamo, ci sono migliaia di microprocessori e algoritmi che scansionano costantemente il World Wide Web e fanno l'index (organizzano) i contenuti, in modo che possiamo accedervi in pochi millisecondi.

Immagina l'intera rete come una grande ragnatela, in cui ogni intersezione su quella rete è una pagina e i collegamenti tra di loro, sono i collegamenti web. Per trovare tutti i documenti su Internet, Google utilizza programmi chiamati spider o "crawler", per eseguire la scansione di tutti i siti su Internet, quindi organizzarli e archiviarli su enormi server. Cioè, se gli spider iniziano a setacciare Internet dal sito A o dalla pagina A, e dal sito A ci sono collegamenti al sito B, C e D, gli spider seguiranno i collegamenti e andranno ai siti B, C e D. Una volta trovato un sito web, gli spider lo memorizzano nei loro database e lo organizzano secondo vari criteri. Proprio come in una biblioteca: i libri non sono messi in maniera caotica, ma ordinati per genere, autori, ecc.

Se cerchiamo su Google "villaggio turistico a Rimini", i primi risultati che troviamo sono quelli più utili e pertinenti alla ricerca fatta. Semplice, no? Ma come ci si arriva? Per ordinare i risultati e assicurarsi che ti mostrino la risposta che stai cercando, Google pone delle domande (oltre 200). Cioè, analizza gli elementi SEO dei siti (interni ed esterni) per capire se una pagina risponde meglio alla tua ricerca oppure no.

La SEO si occupa principalmente di questo. Ecco perché, più saremo in grado di scrivere correttamente e più possibilità avremo di essere tra i primi risultati che usciranno su Google in seguito a una ricerca.

Ci sono professionisti che si occupano principalmente di questo, ma se il tuo budget è piuttosto limitato potrai occupartene anche tu, applicando dei semplici consigli che elencherò di seguito.

Ma, prima di elencare le regole principali, bisogna conoscere alcuni termini importanti di questa disciplina. Vai su Google e digita la prima cosa che ti viene in mente. La pagina che compare è la SERP, in altre parole tutti i risultati che Google mostra di seguito alla tua ricerca. Ciò che tu stesso hai digitato è la QUERY. Mentre le Keywords sono le parole chiave, che Google riconosce come i termini maggiormente usati dagli utenti per fare quella ricerca.

Nell'esempio sopra indicato, le Keyword saranno "villaggio turistico" e "Rimini". La Query sarà "villaggio turistico a Rimini" e la Serp sarà composta da tutte i link che compariranno in seguito. Scegliere le giuste Keywords è fondamentale in una strategia SEO, perché se non si tiene conto delle parole chiavi, non si riuscirà a stabilire e seguire una corretta strategia.

Ci sono validi strumenti online per trovare parole chiavi. Questo, come vedremo tra breve, è molto importante perché scegliere le giuste keyword ci permetterà di essere tra i primi risultati della SERP, quando un utente digiterà la QUERY sul proprio motore di ricerca.

A livello di base, l'ottimizzazione SEO è divisa in 2 rami principali: ottimizzazione **SEO *On-Page*** (nella pagina di un sito) **e *Off-Page*.** I motori di ricerca non leggono un sito nel modo in cui lo leggono le persone. Loro "capiscono" di cosa tratta un sito, leggendo il codice (linguaggio di programmazione) che c'è dietro. Ecco perché l'ottimizzazione *On Page* diventa molto importante. Cosa potresti ottimizzare in questo caso?

➤ il titolo della pagina dovrebbe contenere la parola chiave;

➤ il nome dell'immagine e l'attributo ALT (descrizione dell'immagine) devono contenere la parola chiave, per la quale desideri che la tua pagina appaia su Google.

➤ i sottotitoli dovrebbero contenere parole chiave, ecc.

➤ il sito deve avere una velocità di caricamento molto buona;

Sebbene sembrino molto tecnici, le tecnologie come WordPress (su cui probabilmente si basa il tuo sito) rendono tutto molto semplice e non dovrai essere un programmatore, per fare queste cose di base che possono portare più traffico al tuo sito.

L'ottimizzazione *Off Page* significa mostrare ai motori di ricerca, che il tuo sito è affidabile. Supponiamo che tu e il tuo concorrente abbiate siti simili con contenuti simili e che tutti gli elementi tecnici di cui abbiamo discusso sopra siano ottimizzati. Ad esempio: entrambi i siti contengono parole chiavi, contenuti di qualità, unici e originali, con dei collegamenti interni, con una velocità di caricamento ottima, e così via. Come fa Google a sapere quale dei due siti visualizzare nella prima posizione e quale nella seconda? Ebbene, qui Google (e altri motori di ricerca) ha preso in prestito un metodo che noi umani usiamo: analizza le "opinioni" esterne.

Nello specifico, i motori di ricerca analizzano quanti siti si collegano (tramite link) al tuo sito.

In termini SEO, i link, i collegamenti al tuo sito, sono come voti di fiducia o popolarità dati da altri siti. Se altri 30 siti importanti e affidabili si collegano al tuo sito e solo 2 siti di scarsa qualità si collegano al sito del tuo concorrente, Google lo percepirà come un segnale di fiducia a tuo favore e il tuo sito apparirà prima di quello del concorrente. Fondamentalmente, per ottimizzare il tuo sito off-page, devi raccogliere tanti link di qualità, collegati ad esso. Vedremo nella sezione off-page cosa significano avere dei link di qualità e come ottenerli.

E' noto che gli algoritmi cambino continuamente, essendo un ultimo aggiornamento all'algoritmo di ricerca di Google RankBrain. Ora, Google utilizza l'intelligenza artificiale per fornire risultati di ricerca migliori. In pratica, invece di avere un algoritmo fisso, può acquisire nuove conoscenze e migliora sempre (da solo), per darci i migliori risultati quando facciamo ricerche su Google.

Ti potrai domandare: tutto questo lavoro (link esterni, interni, parole chiavi, ecc.) potrebbe essere fatto in automatico, senza sforzi ulteriori da parte tua come creatore di contenuto. Sì e no. Sì fino ad un certo punto. Abusare di vari automatismi viene punito da Google, perché l'intento non è quello di creare pagine che piacciano a Google, ma che piacciano alla gente, agli utenti. Di conseguenza Google punisce queste tecniche, che possiamo chiamare black. Le tecniche di ottimizzazione SEO black prevedono l'uso di un software che raccoglie automaticamente i collegamenti, fornisce contenuti ai motori di ricerca e contenuti alle persone, riscrivendo lo stesso contenuto, ma girando le parole e così via. Fondamentalmente, stai cercando di ingannare i motori di ricerca. La punizione è proprio finire in ultima pagina e, a mio avviso, il gioco non vale la candela. Ti darò dei consigli per fare un'ottima SEO, seguendo le tecniche approvate, lecite e di successo che si concentrano:

> ➤ su come analizzare i potenziali clienti - come cercano in Internet, cosa cercano, quali parole usano - al fine di creare contenuti attorno alle loro esigenze;

> ➤ sul contenuto pertinente che include parole chiave e loro sinonimi inseriti in modo naturale che conferisce fluidità al testo;

> ➤ sulla struttura del sito - l'utente può trovare da un massimo di 3 click le informazioni di cui ha bisogno;

> ➤ sul contenuto utile - per essere ripreso naturalmente da altri siti che si collegano al tuo contenuto;

L'ottimizzazione SEO mira due aspetti: di **natura tecnica e di contenuto**. Io non sono un esperto IT e sono convinto che tu non stia cercando questo tipo di consigli in questo libro. Tuttavia, lavorando con i miei colleghi esperti IT, posso dirti che ci sono alcuni accorgimenti di **natura tecnica** che devi conoscere almeno per verificare e chiedere poi di ottimizzare. Tra questi ci sono: la velocità di caricamento delle pagine del tuo sito, in entrambe le modalità – desktop e mobile, l'architettura di collegamento interno e la creazione di un file robots.txt che controlla a cosa possono accedere i motori di ricerca.

Ottimizzare i contenuti significa scegliere le parole chiave giuste e distribuirle correttamente sulle tue pagine: nel titolo, nella descrizione delle immagini, nei sottotitoli, nel contenuto, ecc.

Sul processo di ottimizzazione si potrebbe scrivere un manuale a parte, dato la complessità dell'argomento, ma in questa sede vorrei soffermarmi su alcuni passi, alcune regole base che devi conoscere:

➤ ISCRIVI IL TUO SITO NEI MOTORI DI RICERCA. Una volta creato il sito web, questo va iscritto, così i motori di ricerca sanno della tua esistenza. Non solo, ma così avrai accesso a dei report e statistiche, altrimenti inaccessibili, sul traffico organico che raggiunge il nostro sito. In questo modo, potrai sapere se ci sono problemi che influenzano il posizionamento del tuo sito nei risultati di ricerca e ti aiuteranno a trovare spunti per l'ottimizzazione del sito.

Per fare ciò, devi attivare il codice di monitoraggio sul tuo sito e aggiungerci una proprietà (ad esempio il tuo sito) a Google Search Console (Webmaster Central). Ecco i passaggi che devi seguire per registrare il tuo sito in Google Search Console:

1. Accedi con un account di posta (gmail) su Google Search Console (https://www.google.com/webmasters/tools/home)

Fai clic su Aggiungi una proprietà e digita l'URL del sito (http://example.com), quindi farei clic su Aggiungi. Se c'è una versione con *www.* davanti, dovrai aggiungerla in seguito.

2. Scegli il metodo di verifica del sito. Qui viene consigliato il metodo più facile, quello della meta tag.

➤ OTTIMIZZARE LA VELOCITÀ DI CARICAMENTO. Non c'è niente di peggio che cliccare su una pagina e dover aspettare vari minuti prima che questa si apra. Questo molto probabilmente scoraggerà l'utente che, non solo rinuncerà a visitare la nostra pagina web, ma non tornerà più a farci visita. La velocità è importante non solo per la *customer experience,* ma anche perché ti porta più soldi. Amazon, per esempio, ha riportato un aumento di circa l'1% delle entrate per ogni 100 millisecondi guadagnati alla velocità del sito. L'idea è che una discreta velocità di caricamento, meno di 5 secondi, diciamo, diventa sufficiente, affinché il tuo sito compaia nei primi risultati di Google, oltre che per vendere. Quindi, sempre, prima di iniziare il processo di ottimizzazione, controlliamo la velocità attuale del sito. Puoi utilizzare alcuni strumenti gratuiti come Pingdom Tools, Google PageSpeed Insights o GTMextrix. Identificano anche i luoghi in cui il tuo sito si carica di più e ti danno suggerimenti per il miglioramento.

Mi ricordo un cliente che aveva fatto una massiccia campagna pubblicitaria alla radio, i cui jingles andavano in onda alle 7 e alle 8 del mattino e la sera dalle 6 alle 7, quando la gente era in viaggio per andare o tornare dal lavoro e poteva essere sintonizzata alla radio. Che cosa abbiamo notato? Che la velocità su dispositivo mobile era di 23-25s, un risultato assurdo, tenendo conto che quelle persone, chiamate all'azione sul sito, non avrebbero mai avuto il modo di interagire tra un semaforo e l'altro data questa lentezza di caricamento. Anche il cliente era scioccato di come un elemento banale, a prima vista, poteva far svanire i risultati di una campagna pubblicitaria molto costosa.

Cosa puoi fare per ottimizzare la velocita di caricamento del tuo sito?

1. Ottimizza le immagini per i motori di ricerca. Le immagini possono avere delle dimensioni ridotte,

senza impattare negativamente sulla loro qualità, quindi fallo! Apri l'immagine con Adobe Photoshop quindi: File-> Esporta-> Salva per Web. Le immagini salvate per il Web possono essere fino a 10 volte più piccole: un'immagine che inizialmente occupava 5 MB può benissimo diventare di 200 KB.

2. Usa la cache

   Quando un visitatore arriva per la prima volta al tuo sito, prima di poter utilizzare la pagina, il suo browser deve scaricare tutti gli elementi della pagina: il documento HTML, gli script CSS (fogli di stile CSS), i file Java, le immagini, ecc. Il processo richiede tempo. Fortunatamente, possiamo usare la memoria del browser, chiamata anche cache. Pertanto, quando l'utente ritorna, non è necessario scaricare tutti questi file perché li ha già memorizzati nel browser, di conseguenza il sito si caricherà molto più velocemente. Il modo più semplice per abilitare quest'opzione in WordPress è installare un plugin come WP Super Cache.

3. Pulisci il database del tuo sito

   WordPress salva automaticamente qualsiasi cosa. Per questo motivo, il database raccoglie revisioni di articoli, pagine, commenti eliminati, ecc. il che rende difficile caricare il sito. Per cancellare il database e aumentare la velocità del sito, puoi usare un plugin come WP Optimize per pulire il database.

➤ USA LE GIUSTE PAROLE CHIAVI. Come ho detto poco fa, prima di iniziare a scrivere è indispensabile documentarsi bene sulle parole chiavi, poiché gran parte del successo sarà dovuto al loro uso. Vai su Google e fai una ricerca in merito all'argomento, di cui vuoi scrivere. Osserva attentamente la SERP. Quali sono le parole che compaiono maggiormente? Quelle saranno le keyword primarie, ovvero le parole chiave usate più di frequente e che ti permetteranno di essere notato dai motori di ricerca. Ora, prenditi qualche altro minuto per cercare le parole chiave di terzo livello, ovvero quelle Keywords che pur essendo cercati dagli utenti vengono utilizzati meno. Queste svolgono una funzione diversa dalle primarie, in quanto appartengono a un numero di utenti minori, ma sono comunque molto utili perché esclusive e quindi usate da un numero minore di competitor. Nel cercare e usare le parole chiave, puoi avvalerti anche dei suggerimenti di Google. Prova a fare una ricerca e osserva attentamente i suggerimenti che compaiono. Quelle sono le Query usate maggiormente dagli utenti. Usale con discrezione e naturalezza, distribuendole all'interno del testo.

Mi piace molto parlare delle parole chiave perché spesso è qui che mi trovo a dover aiutare i miei clienti. Abbiamo visto che le parole chiave sono quelle parole e frasi che le persone usano quando fanno una ricerca su Google o un altro motore di ricerca. Rispondono a una certa intenzione (acquistare, ottenere informazioni, ecc.) dell'utente che fa la ricerca. La pagina / il sito, che risponde meglio a tale intento, apparirà più in alto nei risultati di ricerca. Fin qui ci siamo! È molto importante tenere conto di queste intenzioni quando si scelgono le parole chiave per le quali ottimizziamo un sito, perché alcune possono solo portarti visitatori, persone informate, mentre altre ti portano dei clienti pronti all'acquisto. Non dico che il traffico non vada bene! Va benissimo, ma devi aver ben chiara la differenza tra traffico e potenziali clienti. Detto semplicemente, le parole chiave non giuste possono portare molto traffico, MA NON necessariamente dei clienti, mentre le parole chiave adatte possono portare potenziali clienti.

Per scegliere le parole chiave dico sempre: fai delle ricerche. Cosa devi cercare di capire?

- il numero di ricerche mensili;

- concorrenza;

- il linguaggio delle persone;

- in quale fase del processo di vendita si trova il pubblico;

- intenzione dell'utente;

Faccio un esempio concreto: hai recentemente aperto uno studio di architettura, hai creato un sito web e vuoi che le persone raggiungano la pagina iniziale del servizio Progetti dove possono richiedere un'offerta. Hai anche un blog, dal quale mandi le persone alle pagine di servizio (in questo caso, il servizio del progetto interno), quindi per questo dobbiamo anche fare l'ottimizzazione SEO.

Benissimo! Andiamo gradualmente:

1. Identificare i problemi delle persone con i servizi che fornisci

   Questo passaggio è fondamentale nella SEO. Una volta identificate le sfide delle persone, puoi trovare le parole chiave giuste per abbinarle alle loro ricerche.

   Questa parte riguarda principalmente l'intuizione e la ricerca. Purtroppo non esiste una formula magica. Il modo più semplice è pensare a quali problemi le persone possono incontrare, quando vogliono costruire una casa: burocrazia (le persone non sanno esattamente di quali documenti hanno bisogno), tempo (quanto tempo ci vuole per rilasciare permessi), soldi (quanto costa un costo architetto, quanto costano i documenti). Bingo! Quindi le domande a cui puoi rispondere (perché sei l'esperto) sarebbero:

- i documenti necessari per la costruzione di una casa;

- quanto tempo dura per avere i permessi di costruzione;

- il prezzo dei servizi di un architetto;

2. Scoprire quali parole usano le persone quando cercano risposte

Sopra, abbiamo creato un elenco di ciò che pensiamo le persone potrebbero cercare. Ora controlliamo se 1) le persone stanno davvero cercando ciò che abbiamo intuito e 2) quali sono esattamente le parole che usano. Per questo passaggio, dovrai utilizzare l'intuizione, i suggerimenti di Google e lo Strumento di pianificazione delle parole chiave. Successivamente, vai su Keyword Planner di Google e vedi se ci sono delle ricerche per quelle parole. Potrai vedere non solo se ci sono ma anche quante e potrai vedere anche altre parole chiave suggerite.

3. Scegliere le parole chiave vincenti

Per fare ciò, ci chiediamo: 1. Che tipo di siti abbiamo in prima pagina dei risultati Google? e 2. Quanti link esterni ha la concorrenza?

Nel caso ideale - **molte ricerche, poca concorrenza.** Diciamo che hai appena avviato l'attività, non hai molte risorse e hai scoperto che per la parola il *progetto casa prezzo* ci sono abbastanza ricerche, per portarti un traffico decente per poter portare pochi clienti. Allora questa è la parola con cui dovresti iniziare.

Dopo l'analisi, potresti notare che ci sono **molte ricerche e grande concorrenza.**

Vogliamo tutti più traffico possibile sul sito, perché ciò significa più clienti. Ma come ho detto prima, di solito c'è molta concorrenza qui. Il mio consiglio è di trovare una parola meno competitiva.

Abbiamo anche il caso delle **poche ricerche, poca concorrenza.** Questa è anche una buona strategia, se non hai molte risorse. Non essendo una concorrenza, puoi apparire molto più velocemente su una parola chiave, il che significa che porterai automaticamente i primi clienti, anche se il traffico non è molto elevato.

In fine, il caso più sfortunato: **poche ricerche, grande concorrenza.** Questo è il caso in cui nessuno vuole essere. Di solito, qui ci sono parole strettamente correlate alla conversione, dove c'è concorrenza.

Una volta trovate le parole chiave, dove vanno messe?

- Titolo;

- Meta Description;

- Contenuto - Sia che tu stia ottimizzando un post sul blog o una pagina di servizio / prodotto, la parola chiave principale dovrebbe apparire alcune volte (preferibilmente all'inizio, al centro e alla fine).

- Titoli (sottotitoli);

- Nomi d'immagini – non chiamare le foto con lo stesso nome progetto casa1., progetto casa2, ecc. ma potresti chiamare *progetto-casa-lago, progetto-casa-montagna*. Non usare i trattini in basso o gli spazi nei nomi dei file immagini ma il trattino.

- Descrizione dell'immagine (tag ALT - tag ALT);

- URL (indirizzo della pagina) - L'URL, acronimo di Uniform Resource Locator, altro non è che un insieme di caratteri che serve a identificare l'indirizzo di un sito web, immagine, video, ecc... Meglio usare le keyword, scrivendo un URL semplice e accurato, chiaro e coinciso. Ricordati però di far questo durante la creazione del sito web, perché la maggior parte delle piattaforme non permettono di farlo successivamente;

- Testo di ancoraggio dei collegamenti - ovvero il testo dei collegamenti (sia interni che quelli che seguono le risposte sui forum o sui blog degli ospiti).

Attenzione: non abusare delle parole chiave. Se ne usi troppe, Google capirà che c'è qualcosa di strano e non otterrai l'effetto desiderato. Tra le Keyword primarie e quelle di terzo livello, non dovresti superare le 10 parole chiavi in un testo. Naturalmente, tutto dipende dalla lunghezza. Se un testo sarà lungo ce ne vorranno di più, se sarà breve ce ne vorranno di meno. Ogni singolo caso va valutato con attenzione per ottenere il massimo successo.

> INSERISCI LINK INTERNI. Il tuo obiettivo è fare in modo che, chi visita il tuo sito web, ci rimanga il più a lungo possibile. Un modo per farlo è inserire all'interno dell'articolo dei link che rimandano a un altro articolo scritto da te, contenuto nello stesso blog o sito. Se un utente rimarrà più tempo sul tuo sito, Google lo noterà e guadagnerai un posto migliore nei motori di ricerca.

> INSERISCI LINK ESTERNI. A volte è obbligatorio inserire link esterni al tuo sito, come quando citi un prodotto o inserisci una foto di cui non hai i diritti. Ma, oltre all'aspetto giuridico, i link esterni possono essere molto utili anche per farti conoscere da altri utenti. Infatti, così facendo quando questi, navigando su un altro sito o blog, noteranno il tuo link e potrebbero iniziare a visitare regolarmente il tuo sito, aumentando di conseguenza il numero di visite e aiutandoti ad acquistare sempre più popolarità.

> PRESTA MOLTA ATTENZIONE AI TAG TITLE E ALLE META DESCRIPTION

Vai su Google e fai una qualsiasi ricerca. Il titolo di colore blu che compare sotto ogni link è il TAG TITLE, mentre la breve descrizione sotto di essa è LA META DESCRIPTION. Questi due elementi devono essere realizzati con attenzione, per non vanificare tutti i nostri sforzi. Il title deve essere chiaro e con una frase ad effetto, per attirare l'attenzione del lettore. La meta description invece, deve essere breve, compresa tra i 120 e i 150 caratteri, ed essere scritta in modo tale da convincere chi abbiamo di fronte a cliccare sulla nostra pagina e continuare la lettura.

- ➢ CURA LA GRAMMATICA. Il testo deve essere scritto bene grammaticalmente. Se Google rileverà errori di battitura di grammatica o lessicali, ti penalizzerà inviando al tuo sito web un feedback negativo;

- ➢ NON COPIARE DA ALTRE FONTI. Anche se in determinati casi dovrai fare ricerche prima di scrivere un articolo, post o manuale, non dovrai mai copiare. Google, infatti, penalizza i contenuti copiati, inviando un feedback negativo. Così facendo, anziché aumentare di visibilità, la perderai. Assicurati che i tuoi contenuti siano del tutto inediti e originali; se il lavoro lo fai fare ad altri, usa i diversi tool per identificare il plagio (PlagScan per i testi in italiano, Grammarly per i testi in inglese)!

- ➢ SCRIVI CON REGOLARITÀ. Ti è mai capitato di iniziare a vedere una serie tv e fin da subito attendere con ansia la settimana successiva per vedere come finirà? Quando finalmente arriva quel giorno, ti organizzi per poterla vedere. Questo non solo perché ti è piaciuta e sei curioso di vedere cosa accadrà, ma anche perché sai che a quell'ora e su quel canale andrà in onda, e se non vuoi perdertelo dovrai organizzarti per poterlo vedere. Da quel giorno, fino all'ultima puntata, avrai un appuntamento con i protagonisti, e non te lo perderesti per nulla al mondo. Cosa centra questo con la scrittura per il web? Per poter creare un legame con i tuoi utenti, devi dar loro un "appuntamento fisso". Cerca di pubblicare lo stesso giorno alla stessa ora. Così facendo, i lettori del tuo blog, sito o social network saranno maggiormente invogliati a visitarti con regolarità e questo attirerà l'attenzione dei motori di ricerca, facendoti comparire sempre più in alto nella SERP, dandoti maggiore visibilità.

- ➢ NON ANDARE FUORI TEMA. Così come Google riconosce le parole chiavi, riconosce anche quando un articolo sta andando fuori tema, penalizzandolo. Assicurati di rimanere sempre nel tema descritto all'inizio.

- ➢ UTILIZZA TERMINI SIMILI. Torniamo all'esempio del villaggio turistico. Nel fare una ricerca su Google un utente può non digitare "villaggio turistico" ma hotel, pur essendo magari alla ricerca proprio di un villaggio. Scrivi la scheda del prodotto o servizio, tenendo conto che gli utenti non sempre sono a conoscenza della differenza tra un tipo di servizio e un altro (come la differenza tra hotel e villaggio turistico), quindi alterna i due termini così da avere maggiori possibilità di trovare nuovi clienti;

- ➢ SCRIVI RIGUARDO AD ARGOMENTI CORRELATI. Immagina di cercare un hotel a Rimini, che soddisfi anche altri requisiti. Cosa cercheresti? "Hotel a Rimini con piscina"? "Hotel Rimini vicino al mare"? Quando scrivi la scheda tecnica del tuo prodotto o servizio, ricordati di inserire tutte le parole chiavi che potrebbero aiutarti a essere visibile. Pensa a cosa tu cercheresti nei motori di ricerca e scrivi di conseguenza;

- ➢ COINVOLGERE IL PUBBLICO. Se i nostri lettori si sentiranno coinvolti saranno più propensi a ritornare sul nostro sito e magari a condividere i nostri contenuti sulle loro pagine social. Possiamo farlo attraverso CALL TO ACTION mirate, incoraggiandoli a commentare i nostri post e chiedendo loro un'opinione. Più i nostri contenuti verranno condivisi e commentati, più compariremo sempre più in alto nella SERP.

- ➤ SCEGLIERE ATTENTAMENTE L'HOSTING. Secondo un dizionario online, in informatica il termine hosting si riferisce all'*Affitto dello spazio necessario per pubblicare una o più pagine internet.* Esistono due tipi di hosting: condiviso e dedicato. Con il termine hosting condiviso, ci si riferisce al servizio hosting di base, dove più persone condividono lo stesso server. Con il termine hosting dedicato ci si riferisce invece al servizio di hosting dove un utente affitta l'intero server, avendone di conseguenza il pieno controllo. Qual è la soluzione migliore? Per rispondere a questa domanda, pensa al comune contratto di affitto di una casa. L'hosting condiviso può essere paragonato alla situazione in cui più studenti condividono la stessa casa. Questi si dividono le spese di affitto e le spese di consumo quali gas, luce, acqua, e altre spese varie. La maggior parte degli studenti che hanno studiato lontano dalla propria casa hanno scelto questa opzione per comodità e per limitare le spese. Ma, secondo te, dopo che una coppia si sposa e mette su famiglia, vivere in una casa con altri sarebbe ancora pratica come soluzione? Certo che no! Allo stesso modo, scegliere un hosting condiviso o dedicato è una decisione importante da prendere. Questa deve basarsi su un attento auto esame, per valutare l'opzione più comoda per ciascuno. In entrambi i casi, infatti, ci sono pro e contro, ma la scelta che farai si ripercuoterà sulla tua visibilità. L'hosting condiviso, seppur più economico e facile da usare, presenta un difetto: se gli altri non seguono criteri di pubblicazione elevati, di riflesso vieni penalizzato anche tu, proprio come quando un guasto in una casa condivisa ricade su tutti gli affittuari. L'hosting dedicato invece, dando il pieno controllo sul server, richiede l'aiuto di un professionista programmatore e ha costi più elevati, ma il successo dipenderà solo ed esclusivamente da te;

> IMPARA A USARE GOOGLE ANALYTICS. Google Analytics è un servizio gratuito di Google molto utile per monitorare il successo del proprio blog o sito web. Vuoi sapere il numero di visitatori del tuo sito? Vuoi scoprire da quale motore di ricerca o social network provengono maggiormente gli arrivi? Quali sono le pagine e contenuti maggiormente visualizzati? Google Analytic ti aiuterà in questo. Ma perché è utile? Analizzando queste informazioni, è possibile comprendere cosa piace ai nostri utenti e quali sono gli aspetti che invece richiedono cambiamenti, così da ottimizzare in misura maggiore il nostro sito o blog.

> UTILIZZA ELENCHI PUNTATI, TABELLE E VIDEO. Questi elementi, non solo rendono il testo più fruibile e accattivante, ma piacciono a Google, che contribuirà a far salire di livello il tuo contenuto nella SERP.

Se applichi questi consigli, in poco tempo riuscirai ad ottimizzare il tuo sito web e tutti i tuoi contenuti, e ti farai conoscere nel web.

Capitolo 6

Come scrivere sui social per aumentare la visibilità e le vendite

Ricordati: Nessuno va online per vedere le tue sponsorizzate! Ma in tanti finiscono per diventare i tuoi clienti! Come? Magia? No! Tecnica!

Gli italiani che accedono a internet ogni giorno sono quasi 50 milioni, e mediamente trascorrono online 6 ore al giorno che, paragonate alle 8 ore che dedicano al lavoro, sono tantissime. Quarantacinque milioni, secondo la ricerca "Digital 2021", si collegano da smartphone e tablet, e 35 milioni usano i social (in media 1 ora e 57 minuti al giorno).

Online si cerca soprattutto intrattenimento: il 92% guarda contenuti video e il 34% vlog; il 57% ascolta musica in streaming, il 39% web radio e il 23% podcast.

Cosa ci dicono queste cifre? Che gli italiani stanno online e fanno acquisti, e durante l'ultimo anno, obbligatoriamente, passano molto più tempo online. Quindi se fai le sponsorizzate su Facebook, su Google, via e-mail, su Instagram, ecc. per vendere prodotti e servizi per un valore di milioni di euro ogni giorno, avrai tutte le chances per arrivare da loro. E se lo fai bene, avrai la fortuna di farli diventare i tuoi clienti. Perché ricordati: nessun utente va online per vedere le tue sponsorizzate, ma una buona parte di loro finisce per visualizzarle e comprare i servizi e i prodotti promossi. Perché? Colpa del bravo copywriter che ha scritto un copy di successo.

Queste sponsorizzate girano sui portatili e smartphone e convincono le persone a fare click, tirare fuori la carta e comprare. Alcune di queste ads possono essere le tue, quindi vediamo come si fa nel modo giusto. Tutto questo, senza esperienza sul campo, capacità tecniche o un enorme budget per la promozione. Ma solo un po' di tempo per mettere in pratica ciò che impari.

In parole povere, il marketing online significa denaro. Denaro dalla vendita di prodotti e servizi. Denaro derivante l'aumento del numero dei clienti. Alla fine, tutto si riduce a questo. E promuovendo online, si ottiene questo risultato. Diventi visibile e vendi i tuoi prodotti, più velocemente che mai. Ecco perché molti imprenditori passano all'online. Perché funziona e basta. E a differenza degli spot televisivi, della pubblicità su pannelli stradali o telemarketing, i vantaggi dell'online sono ENORMI e IMMEDIATI. Perché?

- ✓ Prima di tutto, costa poco. Puoi promuoverti con successo anche con 100-200 euro al mese.
- ✓ È facile da fare. Devi solo conoscere le basi, poi avrai mano libera.
- ✓ ~~E t~~ Ti porta risultati immediati e duraturi. L'online si sta muovendo velocemente. È dinamico. Non dovrai aspettare un mese per vedere se una sponsorizzata ti porta ordini o se un'email vende con successo. Lo scoprirai in pochi giorni e potrai apportare delle modifiche in tempo reale.

Che tu abbia una piccola impresa, un negozio online, un bar, uno studio dentistico, un'agenzia di consulenza o una Piva, il marketing online è una soluzione reale.

<u>Come si diventa virali?</u>

Dato che parliamo di social, penso sia di elevata rilevanza parlare di quei post che non sono sponsorizzate ma che finiscono per diventare virali. Spendere niente, ma arrivare in primo piano nella pagina di tanti utenti: è il sogno di tutti, vero? Tutti i creatori di contenuti, i marketer online, ma anche gli utenti regolari si chiedono: come si diventa virali? Come si fa a distribuire e ridistribuire un clip / post / messaggio centinaia, migliaia o centinaia di migliaia di volte? Non lo so! Mi dispiace, ma ci sono così tanti fattori in gioco, che diventa quasi impossibile prevedere quale sarà il prossimo virale.

Di solito, questo tipo di contenuto colma una lacuna nella cultura del momento ed è troppo legato al contesto per poter riprodurre il processo ... perché, come gli oggetti d'arte, i virali perdono la loro popolarità, se vengono riutilizzati / riciclati. Ciò significa che non puoi fare lo stesso scherzo (in forme diverse) all'infinito, non puoi vedere cosa è diventato virale l'anno scorso e provare a riprodurlo.

Devi inventare qualcosa di nuovo, qualcosa di fresco e inaspettato. I virali devono essere "la cosa migliore di cui non avresti mai pensato di aver bisogno" e non puoi prevederli ... Ciò che posso fare è dirti, sulla base della mia esperienza e l'analisi che ho fatto, le mie conclusioni e darti dei consigli, in modo che sia te stesso a pensare al prossimo video/post virale.

1. Cosa ama condividere la gente? Qui le categorie sono:

- ✓ Post che la gente ama perché ci s'identifica in qualche modo (dalla politica, alla cultura, cause sociali, ecc.)
- ✓ Forti sentimenti ☺ ☹
- ✓ Utilità (tips & tricks)
- ✓ Umorismo / scherzi
- ✓ Arte / bellezza (stimoli visivi)
- ✓ Nudità/ Pornografia / sesso

Più vengono compresi i motivi fondamentali, per cui alle persone piace condividere un determinato contenuto, più facile sarà per te anticipare e utilizzare la psicologia collettiva di Internet. Vediamo in che modo:

- ✓ Post che la gente ama

Il bisogno di collaborazione e socializzazione, che abbiamo sviluppato nel tempo, ci spinge costantemente a esprimerci e creare connessioni con altre persone. Per questo motivo, per gli utenti dei social è molto importante postare/condividere materiali, che illustrino fedelmente un aspetto della personalità del distributore. Quando qualcuno negli Stati Uniti dice: *"Rispetto i militari e i veterani sono eroi"*, le persone che vogliono mostrare agli altri che hanno quel forte sentimento, condivideranno quel post. Molto più che se lo status fosse *"L'esercito degli Stati Uniti ha oltre 800 aerei da combattimento all'avanguardia"*.

Più forte il messaggio risuona **emotivamente** con il lettore, più vorrà prendere una posizione nei suoi confronti. Gli argomenti differiscono a seconda della coscienza collettiva. Gli argomenti di attualità avranno sempre la precedenza su cose piccole o generiche.

Un altro fattore importante in questo tipo di contenuti è il fatto che i virali esprimono in modo molto efficace e sintetico pensieri che noi stessi non potremmo articolare molto bene. L'utente vedrà il messaggio e penserà "SI, ESATTAMENTE!". E poi condividerà.

Ognuna di queste categorie di contenuti deve rispondere a due domande chiave:

✱ *Perché?* Posizionarsi socialmente verso un'idea / problema. Per esporre certe convinzioni in una buona luce. Per rafforzare la nostra posizione nei gruppi sociali.

✱ *Per chi?* Per amici, conoscenti, interessi romantici, persone con cui vorremmo essere amici / persone che ammiriamo.

✓ Forti sentimenti ☺ ☹

Ci piacciono i sentimenti. Compresi quelli negativi. Ecco perché quando qualcosa ci "commuove", tendiamo a condividerlo con gli altri. Il pettegolezzo è un dramma quotidiano. Ci piace il gossip perché è una componente sociale estremamente importante. Come estensione del pettegolezzo, ci piace la mondanità.

Prima di parlare dei post, diamo un'occhiata ai film che vediamo. I contenuti drammatici sono ancora estremamente popolari, soprattutto tra le serie estremamente costose e famose. Amiamo le cose che ci spezzano il cuore. Consigliamo vivamente film che ci fanno piangere ... ma anche ridere. Guardiamo film, in cui un personaggio ci infastidisce così tanto da farci sentire come se stessimo impazzendo. Ma stiamo ancora cercando.

Ecco **perché i post strazianti diventano virali**. Ad esempio, il giornalismo investigativo che ha portato alla luce il caos circa la migrazione, l'incuranza del sistema politico, medico ecc., post sulle difficoltà che alcune persone attraversano (e forse su come le hanno superate), storie ispiratrici, ecc. Sono messaggi che risuonano profondamente, ai quali diamo istintivamente grande importanza, perché da sempre associamo sentimenti forti a cose importanti. Pertanto, quando vediamo un post straziante o molto positivo, ... vorremo mostrarlo agli altri.

✓ Utilità ☺ ☹

Qui parliamo di cose utili, consigli e suggerimenti, indicazioni di ogni tipo: dalla cucina ai progetti "fai da te", diventano facilmente virali, perché vogliamo essere percepiti come coloro che aiutano gli altri. Devo dire che durante questo particolare momento, quando la gente ha trascorso più tempo a casa che fuori, questo tipo di condivisioni è letteralmente esploso.

Migliaia e migliaia di anni fa, coloro che condividevano informazioni con la tribù di cacciatori o agricoltori erano molto apprezzati. Questa esigenza che abbiamo avuto fin dall'antichità, - essere socialmente utili - ci spinge a condividere molte delle cose utili o interessanti. Ora che abbiamo i social media disponibili, l'inizio della condivisione di articoli / post utili ha un posto. E se in passato potevi scoprire informazioni molto più difficili (solo da chi ti è vicino) ora, con tutta Internet a disposizione, sei bombardato da informazioni utili o semplicemente interessanti.

✓ Umorismo

La risata è la migliore medicina ... e mentalmente se ci pensiamo, è così.

L'umorismo è un tratto molto popolare, perché le persone con umorismo possono staccarsi dalle situazioni negative (riderci sopra) e quindi, non rischiare di perdere il controllo nelle situazioni più difficili. L'umorismo arriva con un distacco intelligente, che ci permette di intravedere l'assurdità della nostra vita quotidiana.

✓ Arte/bellezza

Qui si apre un capitolo molto lungo. L'arte trasmette bellezza o un messaggio. O entrambi. L'arte è composta da una grande diversità di linguaggi, che trasmettono messaggi in differenti modi - visivi (disegno, pittura, fotografia), tattili + visivi (scultura, moda, architettura), audio (musica), testo (letteratura, poesia), media misti (film, animazione, cortometraggi, video musicali, siti web) e altro ancora.

C'è arte di qualità, ma anche arte di scarsa qualità. Non voglio discutere i meriti dell'arte moderna o della musica popolare. L'idea che voglio sottolineare è che un consumatore d'arte deve comprendere il linguaggio utilizzato dall'artista. Se parliamo di fotografia o pittura, è un linguaggio abbastanza comune, che tutti padroneggiamo in una certa misura. Lo stesso con la musica. Per questo motivo l'arte astratta è più difficile da capire (e confrontare). Così è anche la poesia, rispetto alla narrativa (per non parlare del modernismo o del dadaismo). Esaminando questa spiegazione, molto terra-terra, dell'arte, la gente la adora. Ognuno di noi apprezza la bellezza, ANCHE SE i nostri gusti sono così variegati.

La bellezza può assumere migliaia di forme diverse per le persone, dal design di un'auto sportiva a una complessa composizione musicale: le persone sono molto soggettive. Ma quando vedono qualcosa che gli piace, loro sentiranno il bisogno non solo di condividere quel "lavoro" con i loro amici, ma vorranno associarsi a quel "lavoro". Quando pubblichi una foto artistica o un pezzo, non solo condividi, ma dici anche: "guarda che gusti eccellenti ho, cosa so delle cose belle o raffinate."

✓ Nudità / pornografia / sesso

"Il sesso vende" - questo è quello che dicono tutti nella pubblicità. Poi sono arrivati i critici che hanno affermato che "il sesso non vende, il sesso attira l'attenzione", ma nessuno è stato in grado di dimostrare che una pubblicità ipersessualizzata sulla pasta venderà più pasta".

In effetti, il sesso attira molto bene l'attenzione, ma se usato eccessivamente perderà credibilità. Sta di fatto che le cose **che hanno una componente sexy sono facilmente diventate virali**. Che si tratti di satira e umorismo o semplicemente di bellezza traboccante, ci piace consumare materiali con molta tensione sessuale. Attenzione! Qui stiamo parlando di CONTENUTO, non di pubblicità. Il contenuto è più facile da trovare per i consumatori, perché non costa loro nulla in cambio.

Quindi, la maggior parte dei contenuti virali combina queste categorie in proporzioni diverse. È molto difficile definire come si fondono, dove è più importante per noi associarci a un'idea e dove sono i sentimenti. Quasi tutti i post hanno una componente di posizionamento, e il fatto che SCEGLIAMO di pubblicarli è importante quanto COSA stiamo pubblicando. I social media hanno subito assunto una funzione di personal branding: in sostanza, questi social sono una somma di milioni di piccoli siti (quanti utenti hanno) di personal branding, dove si interagisce in maniera controllata e attenta con altre persone che fanno la tua stessa cosa. Siamo tutti consapevoli (anche se a livello inconscio), che le persone ci giudicheranno in base a ciò che diciamo, facciamo e distribuiamo.

Ecco perché i virali devono dire cose buone ed essere posizioni popolari nel tuo gruppo sociale ... e per tutto il tempo non sembrano avere difficoltà.

<u>FACEBOOK</u>

Perché fare pubblicità inserzioni/ sponsorizzate su Facebook? Perché devi esserci anche tu?

⇒ **Facebook ha 2,2 miliardi di persone attive al mese.**

⇒ **Gli inserzionisti stanno aumentando il loro investimento in Facebook del 49% nell'ultimo anno.**

⇒ **Gli investimenti nel video stanno aumentando. È il secondo canale di video marketing.**

⇒ **I post video ottengono più coinvolgimento.**

⇒ **Più di 140 milioni di aziende usano Facebook**

⇒ **Gli utenti stanno aprendo gli annunci che li interessano davvero**

⇒ **È il social network in cui più persone acquistano prodotti**

⇒ **Le impressioni degli annunci sono aumentate del 37%.**

Ci sono abbastanza ragioni? Ottimo!

Adesso vediamo come fare una sponsorizzata (molto semplice) di successo! Ecco gli elementi principali che deve avere:

⇒ **Lo scopo**

Cerca di definire bene il tuo obiettivo. Cosa vuoi ottenere con questa sponsorizzata? Vuoi solo attirare pubblico che faccia click nel tuo sito web o vuoi ottenere più vendite? Perché? Perché con una sola sponsorizzata dobbiamo puntare a raggiungere un solo obiettivo, non una marea, perché altrimenti diventa caotico, crea confusione e diventa controproducente.

⇒ **Il titolo**

Inutile dire che è la prima riga la parte più importante della tua sponsorizzata. È lì che bisogna concentrare tutto il talento per avere l'attenzione dell'utente e farlo cliccare su. Fallo con una promessa, un beneficio, una call to action, qualcosa di forte e d'impatto. Questo non solo filtra la tua audience, ma cattura l'attenzione in modo che l'utente vada a cliccare, al posto di continuare a scrollare. Ti ricordi il metodo AIDA? Ecco, il titolo equivale alla fase dell'attenzione. Potresti usare messaggi del tipo: *Ti aiutiamo a smettere di fumare a partire da oggi; Perdi peso con noi: 1 kg a settimana*

⇒ **Il testo, il corpo**

Questa parte dovrebbe rispondere alla domanda: a chi si rivolge la tua sponsorizzata, per chi è? Parla di una condizione/problematica/situazione con la quale l'utente si possa identificare. Parla con autorevolezza, alla fine della fiera, perché deve scegliere te, la tua azienda, se ci sono altre cinquanta che offrono la stessa cosa? Parla della tua esperienza sul mercato, del tuo approccio unico, rivoluzionario, dei risultati ottenuti. Non va trascurato l'aspetto *adesso*. Le sponsorizzate sono volte a portare risultati immediati, quindi dobbiamo ottenere ADESSO l'interazione con l'utente che visualizza la nostra sponsorizzata.

⇒ **Call to action**

Il tuo post-ad deve avere una call to action. Tutto ciò in 90-100 caratteri, ma se sei più loquace e vuoi dire più cose fallo, solo tieni in mente che si tratta di una sponsorizzata, non di una lettera o conversazione con un amico. Ecco come potresti scrivere la call to action:

Iscriviti nella nostra community e inizia oggi a perdere peso godendoti il cibo sano.

Un altro aspetto importante é come lo metti in pagina: usa le doppie righe, gli spazi liberi per poter dividere bene il messaggio e agevolare il lettore a leggere rapidamente. Puoi anche usare le emoticons. Visivamente parlando, ci deve essere coerenza e un senso di ordine. Cura anche l'ortografia, rileggi sempre prima di pubblicare.

⇒ **L'immagine (la foto)**

La foto che usi deve essere invitante, veritiera, vicina alla realtà del tuo cliente. Non amo le foto cliché, quelle scontate, perché ovviamente in tanti possono usare una foto scaricata dai vari siti che vendono foto. Usa foto tue, fatte bene, con una risoluzione decente. Ho notato che spesso la gente apprezza di più una foto scattata con lo smartphone che una professionale. Perché? Perché anche l'immagine parla la sua lingua, ci si ritrova.

⇒ **Il link ed eventuali tag**

Un metodo efficace di portare traffico al tuo sito web è quello di condividere/aggiungere i link. Una volta inserito, si potranno vedere il link, il titolo e la descrizione. Accertatevi che il link funzioni! Puoi decidere di lasciare il link, di usare un tool (URL Shortener) che lo trasformi in uno più breve o puoi scegliere di cancellarlo.

Prendi nota di questi consigli che sicuramente torneranno utili se usi Facebook per promuoverti.

⇒ FAI DOMANDE. Anche per questa piattaforma, fare domande è il modo migliore per coinvolgere i propri utenti. Usa la sezione "Cosa stai pensando?" per fare domande mirate ai tuoi "amici" di Facebook. Le domande migliori sono quelle aperte, perché spingono i tuoi contatti a rispondere apertamente senza il timore di dire qualcosa di sbagliato. Più i tuoi "amici" commenteranno i tuoi post e più il tuo profilo uscirà nei "Suggerimenti di amicizia" di altri utenti, aiutandoti ad aumentare il numero dei tuoi contatti.

⇒ SCRIVI INFORMAZIONI DI VALORE. È vero che quando utilizziamo le piattaforme social vogliamo divertirci e svagarci, ma in certi momenti vogliamo anche informarci sugli argomenti che ci interessano. Di conseguenza, in aggiunta ad articoli divertenti e leggeri, scrivi anche contenuti di valore e informativi. Nel farlo però, ricordati che dovrai mantenere un tono rilassato. Più avanti vedremo come far questo, ma la cosa importante è che anche quando scrivi un post per informare, dovrai farlo in modo che il lettore acquisisca le informazioni necessarie senza annoiarsi;

⇒ SII BREVE. La maggior parte delle persone utilizza i social dal cellulare e quindi legge i post da un piccolo schermo. La lunghezza ideale di un post non dovrebbe mai superare i 70 – 80 caratteri. Possono sembrar pochi, ma se prima di iniziare a scrivere dedichi qualche minuto alla realizzazione della scaletta, segnando per ogni concetto il numero massimo di parole che userai, noterai che in realtà è piuttosto facile. Presta maggiore attenzione all'incipit, poiché è la prima frase che i tuoi utenti leggeranno, e scrivila in modo che catturi l'attenzione del lettore e lo spinga a leggere l'intero post

⇒ FORMATTA IN MODO CREATIVO IL TUO TESTO. Anche in questa piattaforma sono molto utilizzate le emoji e i caratteri speciali. Utilizzali con discrezione, per creare un testo originale e una grafica chiara e accattivante;

⇒ LANCIA UNA SFIDA. A tutti piacciono le sfide. Metti alla prova i tuoi amici e la loro fantasia e creatività. Chiedi aiuto per realizzare la copertina del tuo libro o per scrivere l'incipit del tuo racconto, in cambio di pubblicità da parte tua. Questo aiuterà entrambi: tu avrai ciò che ti serve gratuitamente e anche loro potranno beneficiare di pubblicità gratuita da parte tua. Inoltre, il vincitore senza dubbio realizzerà storie e post per raccontare della sua vincita ai suoi contatti e raggiungerai un numero sempre maggiore di utenti grazie ai tag e ai commenti;

⇒ TAGLIA TUTTO CIÒ CHE NON E' NECESSARIO. Come abbiamo detto in precedenza, un testo su Facebook deve essere breve. Se però non sei esperto, potresti rischiare di scrivere contenuti della giusta lunghezza ma tralasciando informazioni importanti;

⇒ SFRUTTA IL POTERE DEI GRUPPI. Su Facebook troverai gruppi creati con lo scopo di unire persone che hanno le stesse passioni e le stesse necessità. Qui è possibile trovare nuovi "amici" o imparare cose nuove grazie all'esperienza di altri. Se sfrutti al massimo i benefici di queste community, non solo troverai un numero sempre maggiore di clienti, ma troverai anche altri professionisti con cui iniziare un rapporto di collaborazione. Questo ti aiuterà a crescere sia dal punto di vista personale che professionale;

⇒ UTILIZZA LE IMMAGINI NEI POST. Secondo recenti statistiche, i post accompagnati da immagini guadagnano il 105% di commenti in più e di condivisioni. Le foto devono essere di buona qualità e ad alta risoluzione, meglio ancora se facilmente scaricabili. Utilizza al massimo due immagini per un post e scegline una che renda chiaro il messaggio che vuoi trasmettere e in armonia con il testo sottostante. Non utilizzare immagini di stock, perché l'utente potrebbe averle già viste e darebbe un'idea poco professionale di te e della tua azienda. Usa immagini personali, coinvolgenti e soprattutto originali;

⇒ USA CALL TO ACTION EFFICACI;

⇒ USA LA PSICOLOGIA PER AVERE MAGGIORE SUCCESSO. Se vuoi che i tuoi utenti facciano ciò che desideri, devi entrare nella testa dei tuoi lettori e fare le domande giuste. Sfrutta il senso di urgenza, spiegando loro che hanno pochi giorni per acquistare quel tuo prodotto o servizio. Illustra i benefici che otterranno con l'acquisto, pubblicando foto e video di chi lo ha già fatto e pubblicando, dietro loro consenso, i risultati da loro ottenuti. Mostra il vantaggio e sicuramente loro procederanno con l'acquisto;

Seguendo queste semplici regole, in poco tempo il tuo profilo Facebook sarà ben ottimizzato e raggiungerai maggiore visibilità.

INSTAGRAM

Instagram è un social network basato principalmente sulla condivisione d'immagini e video.

⇒ **Un miliardo di persone usa Instagram ogni mese.**

⇒ **Usato da più di 20 milioni di utente in Italia, è una delle piattaforme più popolari.**

⇒ **Più di 500 milioni di persone usano le storie su Instagram ogni giorno.**

⇒ **La pubblicità nelle storie si sta evolvendo sempre di più.**

⇒ **Gli utenti trascorrono una media di 28 minuti al giorno su questa piattaforma.**

⇒ **200 milioni visitano almeno un profilo aziendale su base giornaliera.**

$\Rightarrow$ **Il 62% è interessato a un marchio o un prodotto dopo averlo visto nelle storie.**

$\Rightarrow$ **La portata pubblicitaria è di 849,3 milioni di utenti.**

$\Rightarrow$ **I marketer in genere assegnano il 31% del loro budget pubblicitario a Instagram.**

Ma per usarlo nel modo corretto bisogna seguire alcuni accorgimenti:

> - SCRIVI TESTI DELLA GIUSTA LUNGHEZZA. Per scrivere un post efficace su Instagram, è preferibile non superare le 125 battute. La maggior parte degli utenti usa i social dal cellulare e, di conseguenza, preferisce leggere testi brevi. Naturalmente, la lunghezza dipende dai post che andremo a scrivere. Se il testo deve semplicemente accompagnare un'immagine, 120 batture saranno più che sufficienti; Se invece il testo deve informare l'utente, puoi avvalerti di tutti e 2000 caratteri. Valuta onestamente quanti caratteri sono necessari e utilizza solo quelli.

> - SCRIVI I CONCETTI CHIAVE NEI PRIMI PARAGRAFI. Dal momento che la maggior parte degli utenti usa Instagram dal cellulare, non dimenticarti che loro riescono a leggere direttamente solo le prime 125 battute. Fai in modo che queste attirino l'attenzione dei tuoi follower, così da spingerli a continuare la lettura.

> - SCEGLI E UTILIZZA IL TUO "TONE OF VOICE". Ogni azienda o singolo professionista ha qualcosa di unico che altri non hanno. Concentrati su ciò che vuoi trasmettere ai tuoi utenti e definisci i valori aziendali e le modalità con cui ti relazionerai con il tuo pubblico. Userai un tono formale o amichevole? Utilizzerai dei filtri per la pubblicazione delle immagini? Se si, quali? Stabilisci bene questi aspetti e sii

coerente ogni volta che pubblicherai un contenuto, così da trasmettere un'idea di professionalità.

> CURA GLI HASHTAG. Gli hashatag sono le parole precedute dal simbolo # e, una delle caratteristiche di Instagram, è la possibilità di utilizzarli ogni qualvolta pubblichi un nuovo contenuto. Questi sono di fondamentale importanza, perché se scelti e usati correttamente, permettono di aumentare il numero dei propri follower, ovvero gli utenti che ti seguono. Aggiunti alla fine del testo, devono dare un valore aggiunto al contenuto. Quindi, prima di utilizzare un hashtag valuta realmente se è utile per il tuo post e se è in linea con il tuo Tone of voice. Non utilizzarne un numero eccessivo, poiché confonderebbero il lettore e darebbero al testo un'aria poco elegante. Saranno più che sufficienti cinque, al massimo dieci hashtag. La cosa che più mi stupisce è che spesso i creatori di contenuto non sanno che gli hashtag vanno separati. Non esiste non mettere lo spazio tra di loro, perché altrimenti non funzionano. Un hashtag del tipo #veriamicivenerdiseracena (esistono, fidati!) si scrive correttamente così: #veriamici #venerdisera #cena; quindi guardate come "lo spazio", questo tastino sulla nostra tastiera, può cambiare il destino di un post.

Come scegliere questi hashtag? Non sempre diventa utile usare gli hashtag più popolari, perché il tuo post si perde in un oceano. Prendiamo l'esempio del #Viaggi: è popolare, dato che quasi 2M post riportano questo hashtag, ma se lo uso dovrei essere consapevole che ci sono buone chance che il post si perda. Allora uso un hashtag minore #viaggidinozze (31k risultati) o #viaggidinozze2021 (243 risultati), se il mio post parla del mio viaggio di nozze.

- ➢ CREA HASHATG PERSONALIZZATI. Pensa alla tua azienda e creane uno che t'identifichi rispetto ai tuoi competitor. Utilizzalo ad ogni tuo post, preferibilmente prima degli altri e fa in modo che i tuoi follower capiscano, che appartiene solo alla tua azienda. Così ogni qual volta useranno quell'hashtag, contribuiranno a far crescere la tua immagine sul web.

- ➢ FAI DOMANDE AI TUOI FOLLOWER. Se il tuo Tine Of Voice è amichevole e non formale, rivolgi ai tuoi utenti domande tramite sondaggi, quiz o domande aperte. Il lettore si sentirà importante e avrà un motivo in più per commentare i tuoi post, rispondere ai tuoi quiz e condividere i tuoi contenuti, aumentando la visibilità del tuo profilo Instagram.

- ➢ USA LE EMOJI. Quando scrivi un testo, le emoji ti aiuteranno a renderlo più dinamico e accattivante e a catturare l'attenzione dei tuoi utenti. Attenzione però a non esagerare. Se da un lato le emoji attireranno il cliente, abusarne lo distrarrà non facendoti ottenere l'effetto desiderato.

- ➢ CURA LA GRAFICA E L'ESTETICA DEI TUOI TESTI. Anche se Instagram è principalmente un social network che utilizza le immagini, non dobbiamo trascurare la parte descrittiva. Prima di pubblicare un contenuto, accertati che sia leggibile e in ordine. Dividi il testo in paragrafi e, tra un paragrafo e l'altro, lascia una riga vuota. Questo darà al tuo contenuto un aspetto professionale e ordinato.

- ➢ CURA LA TUA BIOGRAFIA. Instagram dà ai propri utenti la possibilità di creare una piccola biografia, per farsi conoscere dai propri utenti. Accertati che la tua sia ottimizzata, poiché è la prima cosa che leggeranno di te e della tua azienda.

Scrivi un contenuto breve, di circa 150 caratteri e inserisci all'interno i tuoi hashtag personalizzati. Usa le emoji per dare alla tua biografia un aspetto professionale, ma allo stesso tempo amichevole e che attiri l'attenzione di più follower possibili. Cura questo aspetto del tuo profilo in modo attento e dettagliato, confrontandolo con le biografie di altri utenti del tuo stesso settore. Ricordati però, che questo servirà a trovare l'ispirazione e non a copiare le loro biografie. Anche in questo caso, sii il più originale possibile.

➤ STABILISCI UN PIANO D'AZIONE. Per avere successo sui social e raggiunger il maggior numero di utenti, è molto importante stabilire un piano d'azione. Per far questo è molto utile creare dei calendari editoriali e pubblicare regolarmente contenuti validi sul proprio profilo. Siediti alla scrivania e pensa a cosa può essere utile per i tuoi utenti e crea contenuti su misura per loro.

➤ DISTINGUI IL PROFILO PRIVATO DA QUELLO AZIENDALE. Fai in modo di tenere la vita privata e il tuo lavoro separati. Postare foto di te in vacanza, mentre sei a casa di amici o prepari un dolce per la tua famiglia, non è in linea con la tua strategia di marketing, quindi è meglio evitare. Tuttavia nella biografia inserisci il link del tuo profilo privato, così che i follower che lo desiderano, possono conoscerti meglio.

➤ POSTA QUANDO I TUOI UTENTI SONO ONLINE. Cerca di capire quando è l'orario più comodo per i follower, così da pubblicare i tuoi post quando sai di trovare la maggior parte di loro online. Anche in questo caso puoi usare quiz, sondaggi e domande aperte per rendere partecipi i tuoi utenti e avere informazioni accurate da loro stessi.

➢ POSTA CONTENUTI CHE POSSONO ESSERE CONDIVIDISI FACILMENTE. Questo renderà il tuo profilo ottimizzato e ti darà sempre più visibilità.

➢ SCEGLI BEN SU CHI VUOI FARE COLPO. A tutti piace essere ammirati da un pubblico vasto, ma la verità è che non puoi piacere a tutti. Ecco perché è essenziale scegliere con cura i tuoi potenziali clienti. Pensa al luogo in cui vivono, rifletti sulle loro possibilità economiche e i loro gusti e preferenze e crea un piano editoriale su misura per loro.

➢ CREA DEI CONTEST. Un contest è un modo di fare marketing, invitando gli utenti a partecipare a concorsi a premi che hanno come scopo pubblicizzare il proprio brand, ed è molto utilizzato dalle aziende o dai singoli privati, per aumentare la propria cerchia di clienti. Prima di organizzare un contest però, è bene informarsi sulle regole da seguire non solo per quanto riguarda i social, ma in questo caso anche per quanto riguarda le leggi dello Stato, parlando con un esperto. Di conseguenza, se hai un budget limitato e non puoi rivolgerti a un consulente, ti consiglio, per il momento, di rinunciare a questo tipo di marketing;

➢ PARLA DI TE NEI TUOI POST. Questo è il modo migliore per creare un legame con i tuoi follower e invogliarli a seguirti regolarmente;.

➢ POSTA IL "DIETRO LE QUINTE". A tutti piace essere coinvolti. I tuoi clienti potrebbero essere curiosi su come vengono realizzati i tuoi progetti. Se possibile quindi, approfitta di questo, per postare il lavoro svolto "in incognito". Se scrivi per un blog o siti web, puoi postare immagini o brevi video mentre fai ricerche o scrivi. Se sei uno scrittore indipendente, puoi spiegare cosa ti ha spinto a realizzare quel libro e dove hai trovato l'ispirazione. Se hai un'azienda, puoi far vedere ai tuoi follower come vengono realizzati i prodotti e le materie prime utilizzate. Naturalmente, assicurati di avere sempre il diritto di postare immagini, video o descrizioni. Se ciò che hai intenzione di postare non appartiene completamente a te, chiedi sempre il permesso ai singoli proprietari. Meglio un post in meno, di una denuncia per violazione di copyright.

> PARLA DEI TUOI PROGETTI PER IL FUTURO. Come ho appena detto, ai nostri utenti piace essere coinvolti. Sapere che per noi la loro opinione conta li farà sentire soddisfatti. Un altro modo per far questo, è quello di parlare con loro dei nostri piani per il futuro. Chiediamo loro cosa si aspettano da noi e dalla nostra azienda tra una settimana, un mese o anche tra un anno e, laddove è possibile, creiamo insieme a loro un piano di marketing. Sapere che hanno avuto una parte nel realizzare il nostro progetto, li spingerà a parlarne con amici, conoscenti e parenti. Senza saperlo, ci aiuteranno a incrementare il numero dei nostri follower e dei nostri potenziali clienti;

> ARCHIVIA LE STORIE E METTILE IN EVIDENZA. Crea una storia e, dopo aver aggiunto gli hashtag e i tag di localizzazione, archiviale. Così facendo, rimarrà sul tuo profilo per tutto il tempo che vorrai e i tuoi follower attuali e futuri potranno visionarle ogni qualvolta ne avranno bisogno. Ricordati però di denominare ogni cartella con un nome specifico, che renda chiaro fin da subito cosa troveranno all' interno;

➤ CONDIVIDI POST DI ALTRI UTENTI CHE TI SONO PIACIUTI. Se condividi post o storie di altri utenti che condividono la tua stessa passione, è più probabile che loro condivideranno a loro volta i tuoi contenuti dandoti maggiore visibilità;

➤ CREA SCONTI ESCLUSIVI PER CHI TI SEGUE SU INSTAGRAM. La maggior parte degli utenti utilizza un social network più di altri. Quindi chi ti segue su Instagram potrebbe non seguirti su Facebook e viceversa. Creare sconti esclusivi solo su una di queste piattaforme, in questo caso Instagram, ti darà maggiori possibilità di aumentare il numero dei follower attivi sul tuo profilo. Chi utilizzerà questi buoni sconto molto probabilmente ne parlerà con altri utenti e il numero dei tuoi contatti aumenterà;

➤ REGALA CAMPIONI GRATUITI IN CAMBIO DI RECENSIONI. Prima di comprare un prodotto, la maggior parte delle persone legge le recensioni. Immagina di dover comprare una libreria su Amazon e alla fine della ricerca noti che tre prodotti hanno recensioni positive, due sono senza recensione e una libreria ha recensioni tutte positive... Quale compreresti? Sicuramente la libreria con un numero maggiore di recensioni positive. Accade la stessa cosa quando qualcuno deve comprare un nostro prodotto o servizio. Regalare campioni gratuiti, in cambio di una recensione e condivisione a chi ha tanti follower attivi, permetterà di farti conoscere da un numero vasto di utenti e darà ai tuoi attuali e futuri clienti la certezza, che quel prodotto ha davvero un valore;.

<u>**TESTI PER STORIE**</u>

L'introduzione delle storie ha cambiato in modo sorprendente il modo in cui le persone usano i social. A differenza dei post, le storie durano solo 24 ore, ma sono davvero uno strumento utile.

Più di 300 milioni di utenti usano le storie su Instagram e su Facebook. Potresti pensare che non hanno una grande validità, ma hanno delle caratteristiche positive e uniche.

- Si trovano in prima linea sulla pagina iniziale dei social network e quindi è la prima cosa che gli utenti vedono quando navigano sul social;

- La tua storia può essere visualizzata anche dopo averla pubblicata, poiché questa rimarrà per 24 ore disponibile

- Dopo aver visualizzato una storia, sia Facebook che Instagram ti fa visionare la storia successiva, quindi hai buone probabilità di essere visionato anche da chi non ti segue regolarmente;

- Se pubblichi un post, la tua foto profilo sarà illuminata e avrà un cerchio intorno alla foto. Così tutti i tuoi utenti sapranno, che possono visualizzare la tua ultima storia;

- La maggior parte degli utenti attiva le notifiche per essere avvisati, in caso di nuove storie o di dirette.

Quando fai una storia, indipendente dal social utilizzato, segui piccoli accorgimenti:

- ➤ USA GLI HASHTAG. Può sembrare una ripetizione inutile ormai, ma nelle storie aggiungere hashtag specifici può aiutarci a promuovere un punto vendita, un evento.

- ➤ AGGIUNGI LINK dove la tua *call to action* possa essere convertita in vendita/lead.

- ➤ CREA SONDAGGI. Una volta pubblicato, potrai vedere i risultati del sondaggio, e usarli per conoscere meglio il tuo brand e aumentare il traffico dei tuoi clienti;.

- ➤ UTILIZZA SCRITTE MULTI COLOR. Quando aggiungi scritte alle tue storie, dai loro un tocco di colore creando scritte di vari colori e dimensioni, ma mai dimensioni minuscole che neanche tu riesci a leggerle. Queste attireranno l'attenzione dei tuoi follower. Utilizza scritte speciali, aggiungi ombratura al testo.

- ➤ CREA UN COLLAGE DI FOTO. Un modo per pubblicizzare un prodotto, un evento o anche semplicemente la tua azienda, è quello di creare un collage di foto. Assicurati che tutte le foto siano di ottima qualità e che trasmettano il messaggio desiderato. Fai in modo di essere ricordato dai tuoi follower;.

- ➤ USA TEMPLATE SIMILI. Usare gli stessi template in ogni storia che crei, ti renderà riconoscibile per i tuoi follower. Personalizza ogni storia. Rendi il tuo brand unico;.

- ➤ TAGGA LE PERSONE ADATTE. Quando aggiungi un tag, la persona taggata di solito pubblica nuovamente la storia con il tuo tag. Questo ti permette di raggiungere un numero sempre maggiore di utenti che, interessati ai tuoi contenuti, potrebbero decidere di seguirti, aumentando così il numero dei tuoi follower;

<u>**TWITTER**</u>

Twitter è un social network nato nel 2006, che ha lo scopo di comunicare informazioni o pensieri attraverso messaggi brevi, video o foto. Ideale per trovare e diffondere notizie di vario genere in tempo reale, è molto amato da utenti di varie età. Twitter è diverso da altri social come Facebook o Instagram, ma molto utile per farsi conoscere da un numero più vasto di persone. A differenza degli altri social, qui non esistono "Richieste di amicizia" ma chiunque può visualizzare i tuoi tweet. Applicando i consigli indicati di seguito, sarai in grado di impostare una corretta strategia per scrivere tweet memorabili e che spingano gli utenti a interagire. Perché esserci e fare pubblicità?

⇒ **Twitter ha più di 145 milioni di utenti giornalieri e attivi.**

⇒ **Gli annunci su Twitter sono aumentati del 23%.**

⇒ **Il consumo di video su Twitter è in aumento, essendo il 50% più economico.**

⇒ **La notorietà e la rilevanza dei video sono aumentate.**

⇒ **Gli utenti di Twitter trascorrono il 24% in più di tempo con gli annunci pubblicati dagli influencer.**

⇒ **Il 67% ritiene che gli annunci su Twitter non siano invadenti e oltre il 70% sono informativi.**

⇒ **Il 52% dei brand intende aumentare i propri investimenti in Twitter.**

Qui di seguito ci sono alcuni consigli per come promuoverti su Twitter:

➢ SCRIVI UN TWEET BREVE. Il limite massimo dei caratteri di Twitter è di 280 caratteri. Ma non devi per forza utilizzarli tutti. Anzi, per scrivere un tweet efficace, questo deve essere di circa 100 caratteri;

➢ USA GLI HASHATG NEL MODO CORRETTO. Lo sai che è stato proprio Twitter a introdurre gli hashtag? A differenza però di altri social, dove alla fine di un post seguono spesso molti hashtag, su Twitter usarli con moderazione e in modo strategico è di fondamentale importanza. Hashtag ben selezionati daranno un valore aggiunto ai tuoi tweet, ma affinché questo accada devono essere coerenti con il testo scritto. Perciò non esagerare. Utilizzane al massimo 2 o 3, poiché altrimenti sarebbe chiaro che stai cercando visibilità e il tuo testo perderebbe di valore

➢ USA LE DOMANDE. Le domande spingono le persone a riflettere. Ma per ottenere il massimo beneficio da questo mezzo, devi mettere gli utenti al centro di ogni tuo post. Fai domande mirate ai tuoi utenti, chiedendo informazioni su di loro e sui loro interessi, così da ottenere un livello maggiore d'interesse;

➢ INDIVIDUA L'ORARIO PIÙ GIUSTO PER TWITTARE. Se pubblichi contenuti all'orario sbagliato, non riuscirai a raggiungere un buon numero di utenti. Il modo migliore per capire l'orario più giusto per scrivere è quello di provare per un paio di mesi a scrivere in varie fasce orarie, meglio se ogni 2 -3 ore, ed esaminare a quale ora del giorno i tuoi post vengono maggiormente condivisi o ricevono maggiori commenti. Una volta definito l'orario più giusto, organizzati per twittare sempre a quell'orario;.

➤ PERSONALIZZA I TUOI TWEET PER RENDERLI UNICI.
Abbaiamo largamente parlato dell'importanza di rendere
ben chiaro il proprio Tone Of Voice. Quando pubblichi un
qualsiasi contenuto su Twitter, devi assicurarti che
coloro che ti seguono regolarmente capiranno che quel
tweet appartiene a te, ancor prima di leggere il tuo nome.
Devono considerarti un amico ed essere spinti a
condividere ogni tuo contenuto e commentarlo;.

➤ USA I TAG NEL MODO GIUSTO. Proprio come gli hashatg,
anche i tag sono stati introdotti da Twitter. Usa i tag per
citare la fonte di una notizia o l'autore, in seguito a una
citazione. Questo ti darà un'aria professionale e ti aiuterà
a essere trovato da altri utenti più facilmente;.

➤ SII CREATIVO. Ogni minuto che passa, vengono pubblicati
un numero elevato di tweet. Ecco perché devi essere
creativo, non limitandoti a pubblicare informazioni
generiche. Rendi i tuoi post davvero interessanti,
arricchendoli con particolari inediti e personali. Prendi
un tuo vecchio articolo o tweet e crea un'immagine o un
breve video utile per gli altri utenti. Se il tuo pubblico
avrà un piccolo assaggio di ciò che pubblichi, è più
probabile che leggerà articoli più lunghi scritti e
pubblicati da te;.

➤ SEGUI I PROFILI DI ENTI, ASSOCIAZIONI E PERSONAGGI
FAMOSI.

Seguire i profili di personaggi o enti importanti ti darà la
possibilità di rimanere aggiornato e trovare ispirazione
per i tuoi contenuti;.

➤ CONDIVIDI OGNI CONTENUTO DEL TUO BLOG. Puoi
utilizzare Twitter anche per promuovere il tuo blog o sito
web. Puoi pubblicare un'immagine con una breve

descrizione e inserire il link che riporta al tuo blog, oppure puoi scrivere un breve testo e inserire il link solo alla fine. Se scrivi un testo però, ricordati di scrivere un incipit che colpisca il lettore e che lo convinca a cliccare sul link e visitare il tuo sito web o blog;. Se il tuo contenuto sarà ben ottimizzato e realizzato con cura, noterai, non solo un aumento dei visitatori del tuo blog, ma anche il tuo profilo Twitter sarà maggiormente visitato e seguito da più utenti;

➢ PUBBLICA TWEET PER VENDERE I TUOI PRODOTTI O SERVIZI. Puoi usare Twitter anche per promuovere i tuoi prodotti o servizi e incrementare le vendite. Inserisci immagini accattivanti e descrizioni dettagliate per informare gli utenti di offerte, promozioni speciali e novità della tua attività. Inserisci sempre il link del tuo negozio online o del tuo sito web, per raggiungere un numero sempre maggiore di clienti;

➢ DAI CONSIGLI AL TUO PUBBLICO. Un modo per instaurare un rapporto di fiducia verso i tuoi lettori e utenti è quello di dare loro consigli affidabili e utili. Se ami leggere, consiglia ai tuoi utenti i migliori libri da leggere. Se sei un istruttore di fitness, mostra a chi ti segue come ottenere risultati migliori allenandoti da casa. Se invece vendi prodotti di bellezza ,mostra loro come utilizzarli al meglio. Più i tuoi consigli saranno utili per i tuoi utenti, maggiori commenti e visualizzazioni riceverai;

➢ SEGUI GLI UTENTI CHE TI SEGUONO. Cerca di seguire tutti coloro che ti seguono. Questo permetterà di instaurare un rapporto con altri utenti, che potrebbe trasformarsi anche in una futura collaborazione lavorativa;

➢ RENDI BEN CHIARO CHI SEI. Rendi chiaro fin da subito i tuoi interessi e cosa puoi fare per i tuoi utenti. Se ti conosceranno anche dal punto di vista personale, sarà più facile instaurare un rapporto di amicizia con loro;

➢ GESTISCI BENE I RECLAMI. Quando si usano i social per vendere i propri prodotti o servizi, può capitare che qualche tuo utente si lamenterà e scriverà qualcosa di poco carino sul tuo conto. In quel caso, rispondi il più velocemente possibile ma anche educatamente. Non iniziare mai discussioni inutili, ma ringrazia chiunque ti faccia notare qualcosa che non va e fai di tutto per risolvere i suoi problemi.

➢ PENSA AI DUBBI DEI TUOI LETTORI E DAI LORO UNA RISPOSTA ESAUSTIVA MA BREVE. Puoi pubblicare regolarmente domande e risposte riguardo alla tua attività, che possono essere utili all'utente. Anticipa eventuali dubbi dei tuoi utenti. Loro lo apprezzeranno.

➢ FAI SONDAGGI. I sondaggi sono un modo semplice per coinvolgere il cliente e farlo esprimere. Puoi utilizzare i sondaggi per chiedere ai tuoi utenti dubbi sulla tua attività, da aggiungere poi alle domande e risposte indicate sopra;.

➢ CONDIVIDI SU TWITTER LE RECENSIONI POSITIVE. Quando ricevi una recensione positiva, puoi condividerla su Twitter. Ricordati di allegare alla recensione un breve link, che riporti al tuo blog o al sito web per acquistare quel tuo prodotto.

➢ CHIEDI RECENSIONI. Puoi usare questo social anche per chiedere recensioni sui tuoi prodotti. Allega un video, un'immagine o un estratto del tuo libro o racconto e chiedi in cambio una recensione. Questo farà molto bene al tuo brand e ti aiuterà a farti conoscere da tanti altri utenti;.

➢ PUBBLICA PREMI E RICONOSCIMENTI. Al pari delle recensioni, anche premi e riconoscimenti ottenuti possono dare un valore aggiunto al tuo profilo e spingere più persone a interessarsi a te e alla tua attività. Accrescerai così la tua autorevolezza agli occhi degli utenti;. Usali però con discrezione, per non dare l'idea di vantarti. Questo penalizzerebbe la tua immagine.

➢ PUBBLICA IL DIETRO LE QUINTE. Come ho detto più avanti, anche Twitter può essere utilizzato per promuovere post, su ciò che accade dietro le quinte della propria azienda. Questo coinvolgerà il lettore, che amerà non solo il tuo lato pratico ma soprattutto il tuo lato umano;

➢ INTERAGISCI REGOLARMENTE CON GLI INFLUENCER DEL TUO SETTORE. Gli influencer hanno tanti utenti che li seguono. Iniziando a interagire regolarmente con loro, avrai maggiore visibilità. Commenta i loro tweet e ritwittali, quando questi sono in armonia con il tuo Tone Of Voice.

➢ CHATTA CON GLI ALTRI UTENTI. Twitter non è usato molto per chattare, ma anche le chat sono un valido strumento per conoscere altri utenti, e guadagnare la loro attenzione e fiducia.

➢ RITWITTA POST DI ALTRI UTENTI. Quando noti un post di un altro utente che ti colpisce particolarmente, puoi retwittarlo. Per un risultato ancora maggiore però, ricordati di aggiungere un hashtag pertinente al tuo brand. Utilizza hashtag di tendenza maggiormente pertinenti alla tua attività;.

- ➤ INSERISCI UNA CALL TO ACTION CHIARA. Alla fine di ogni post, inserisce delle call to action chiare come "Se ti è piaciuta, retwitta" oppure "Lasciami un commento per dirmi che ne pensi" : darà ai tuoi utenti l'opportunità di esprimersi e di rendere il tuo profilo sempre più ottimizzato.

- ➤ PUBBLICA CONTENUTI ORIGINALI E DI VALORE. Dedica un giorno alla settimana per realizzare articoli, podcast, video e immagini di ottima qualità e nel corso della settimana, pubblica con regolarità questi contenuti. Inserisci sempre frasi ad affetto che riescano a incuriosire gli utenti e soprattutto, presta molta attenzione agli errori grammaticali.

Controlla che ognuno di quei contenuti rispetti le regole che abbiamo esaminato in questa sezione e se necessario, correggi il tutto prima di pubblicarlo;

- ➤ PUBBLICA CON REGOLARITÀ. Abbiamo appena detto di pubblicare con regolarità. Ma sorge spontanea la domanda: Ogni quanto dobbiamo pubblicare un contenuto su Twitter? L'ideale sarebbe twittare ogni giorno più volte al giorno, per ottenere maggiore visibilità, ma se proprio non ti è possibile cerca di pubblicare almeno 3-4 contenuti ogni settimana. Indipendentemente da quante volte pubblichi un contenuto, non dimenticare di dedicare ogni giorno almeno 10 minuti la mattina, 10 minuti il pomeriggio e 10 minuti la sera per commentare tweet di altri o condividerli. Se non hai mai usato Twitter, può volerci un po' di tempo prima di usarlo pienamente come per gli altri social network, ma in poco tempo sarai in grado di usare anche questa piattaforma nel modo più corretto.

Non devi far altro che applicare queste strategie.

<u>**LINKEDIN**</u>

Con più di 700 milioni di iscritti, LinkedIn è un social network diverso da altri. Il suo scopo principale è quello di aumentare la propria cerchia di clienti, registrando online il proprio curriculum. È uno degli strumenti più importanti di personal branding ed è indispensabile, per creare e migliorare la propria reputazione professionale e per trovare e fidelizzare un numero sempre maggiore di utenti.

⇒ **È la più grande rete professionale al mondo con oltre 675 milioni di utenti attivi al mese.**

⇒ **Può essere segmentato in base a diversi tipi di persone.**

⇒ **Il 57% del traffico LinkedIn è mobile.**

⇒ **La partecipazione è aumentata del 50% anno dopo anno.**

⇒ **È il miglior social network per generare lead B2B.**

⇒ **Il costo per lead è inferiore del 28% rispetto a Google Ads.**

⇒ **Un annuncio su LinkedIn può raggiungere il 12% della popolazione mondiale.**

⇒ **30 milioni di aziende sono su LinkedIn.**

⇒ **Gli annunci InMail hanno un tasso di apertura del 52%.**

Ecco di seguito, linee guida da seguire per avere un profilo ottimizzato e che raggiunga il risultato desiderato.

⇒ DEFINISCI IL TUO PUBBLICO DI RIFERIMENTO. Prima di compilare il tuo profilo su LinkedIn, devi aver ben chiaro in mente qual è il tuo target. Quali sono le sue caratteristiche? Quali sono i suoi bisogni e desideri? Dopo aver fatto la tua scelta, tienila bene in mente, quando andrai a compilare il tuo curriculum e ogni volta che lo aggiornerai.

1. SCRIVI ARTICOLI OTTIMIZZATI. La lunghezza ideale di un articolo è tra le 1900 e 2000 parole. Prima di pubblicarlo, rivedilo attentamente e assicurati che non ci siano errori. Ricordati che i testi scritti su LinkedIn devono essere di un certo livello, la tua audience è piena di professionisti. Perciò leggilo bene tante volte, prima di condividerlo online e, se possibile, fallo esaminare ulteriormente da un professionista del settore, per assicurarti un risultato migliore.

2. SCRIVI UN TITOLO OTTIMIZZATO. Per scrivere un titolo ottimizzato su Linkedin, questo deve avere 40-49 caratteri, spazi compresi, e avere parole chiavi al suo interno. Deve essere comprensibile fin da subito, ma senza essere banale.

3. USA LA FOTO GIUSTA. Non usare foto che useresti per altri social. La foto profilo di Linkedin deve essere professionale, per aumentare la possibilità di essere contattato e scelto da aziende. Scegli una foto in cui ci sei solo tu, vestita in modo formale e con uno sfondo chiaro. Usa una luce naturale e non usare il flash per evitare il tipico effetto dell'aureola. Non usare una foto intera, ma prediligi una foto a mezzo busto o in primo piano. Scegline una in cui hai un'espressione cordiale e professionale.

4. SCRIVI UN SOMMARIO PERFETTO. Il sommario è il testo i di 120 caratteri, che si trova sotto il nome e cognome. Quando lo scrivi, cerca di essere creativo, distinguendoti

da altri profili. È la prima cosa che un utente visionerà del tuo profilo, quindi è la cosa più importante da realizzare. Per un sommario più attraente, utilizza frecce o spunte. Questi renderanno la lettura più piacevole e scorrevole.

5. OTTIMIZZA L'ELENCO DELLE ESPERIENZE. Non limitarti a fare una carrellata di tutte le esperienze acquisite. Per ognuna di queste, aggiungi quanti più dettagli per renderlo personale. Parla di ciò che hai imparato e ottenuto da ogni esperienza e aggiungici foto, video, articoli e presentazioni Non superare i 2000 caratteri. Studia le competenze richieste per ottenere il lavoro a cui desideri accedere e utilizza le parole chiave, per essere trovato più facilmente dalle aziende.

⇒ OTTIMIZZA L'URL. Sotto la foto e il sommario trovi l'url. Non lasciarlo così com'è, ma personalizzalo. Potresti personalizzarlo mettendo solo il tuo nome e cognome. Per farlo, basta cliccare su proprio profilo, modificare il profilo passando dalla privacy e modificare l'url, ricordandoti infine di salvarlo.

➤ USA LE REFERENZE NEL MODO GIUSTO. Quando completi un lavoro, chiedi delle referenze, per poter ottenere lavori in futuro. Cerca di ottenere almeno una referenza per ogni competenza, meglio se per ogni lavoro svolto. Più referenze otterrai, più le probabilità di trovare lavoro aumenteranno. Le aziende, infatti, potendo visionare le tue referenze, si sentiranno più sicuri sapendo che hai già fatto lavori di quel genere e saranno più propensi ad assumerti.

⇒ SEGUI LE PERSONE GIUSTE. Cerca di avere tra i tuoi contatti solo coloro che sono in linea con il tuo brand.

⇒ ENTRA NEI GRUPPI. Proprio come per Facebook, anche su LinkedIn è fondamentale far parte dei gruppi giusti. Così facendo, conoscerai persone nuove con i tuoi stessi interessi, e potrai trovare anche nuovi clienti o professionisti con cui collaborare.

⇒ SII COSTANTE. Non puoi pensare di aprire il profilo Linkedin, sistemarlo e poi lasciarlo lì per settimane o peggio mesi. Aggiornalo con regolarità e ogni qualvolta concludi un lavoro nuovo, inseriscilo su LinkedIn

⇒ AGGIUNGI CONTENUTI BREVI E BEN SCRITTI. Assicurati che ogni tuo materiale sia breve e ben scritto. Vai dritto al punto. Gli articoli non devono mai superare i 40.000 caratteri. Meglio se utilizzi presentazioni o video essendo più facili da visionare.

⇒ SCRIVI UN BEL RIEPILOGO. Il riepilogo può essere paragonato a un biglietto da visita, e quindi di conseguenza va curato nella forma e nella sostanza. Ricordati che anche se potrai usare 2000 caratteri, solo i primi 200 saranno direttamente visibili. La cosa migliore che puoi fare quindi, è comunicare dapprima le informazioni più importanti. Usa domande per riepilogare cosa fai e come lo fai e non dimenticarti di aggiungere le informazioni di contatto. Scrivi frasi brevi, non troppo lunghe. E dividi il testo in più paragrafi per facilitare la lettura.

⇒ SEGNALAZIONI. Un mezzo efficace di LinkedIn sono le segnalazioni. Puoi chiedere direttamente una segnalazione all'altro utente, ma la cosa migliore è scrivere segnalazioni, con lo scopo di averne una in cambio. Hai massimo 3000 caratteri per scriverne una o fartela scrivere. Non sprecarli!

⇒ SEGUI I PROFILI DI INFLUENCER. Dopo aver ottimizzato il tuo profilo, fai ricerche e segui i profili delle personalità più popolari del tuo settore. Questo ti sarà di grande aiuto: le aziende nel fare ricerche sul tuo profilo noteranno chi sono i tuoi follower e i tuoi modelli. In più rimarrai aggiornato sulle novità del tuo settore e migliorerai le tue competenze professionali.

⇒ NON DIMENTICARE LE PAROLE CHIAVI. Ti ricordi quando abbiamo parlato delle Keywords? Anche per questa piattaforma, le parole chiave sono molto importanti. Pensa ai tuoi potenziali clienti. Quali parole potrebbero usare le aziende per cercarti? Usale, e regolarmente testa l'efficacia per capire se funzionano. Se non funzionano, cambiale. Ma, se noti che funzionano usale regolarmente.

⇒ INSERISCI INFORMAZIONI DI CONTATTO VALIDE. Valuta attentamente quali contatti lasciare, se numero di telefono, e mail, ecc.. Usali entrambi, solo se non ti darebbe fastidio ricevere telefonate a tutte le ore del giorno. Se non sei sicuro di poter rispondere a tutte le chiamate, usa solo l'email, e controllale regolarmente. A questi contatti, aggiungi link a blog, siti web o pagine social, ma solo se queste hanno un'aria professionale.

⇒ PERSONALIZZA LA TUA RICHIESTA DI COLLEGAMENTO.

Quando inviti un altro utente a seguirti, non lasciare mai vuota la richiesta. Scrivi un messaggio breve, ma coinvolgente. Chiarisci se vi siete conosciuti e come, e se avete in comune competenze, esperienze lavorative e ambizioni professionali. Cerca di specificare anche i benefici, che entrambi otterrete da una collaborazione.

⇒ GESTISCI LE INTERAZIONI NEL MODO CORRETTO. Se vuoi che il tuo profilo sia ottimizzato e con una buona visibilità, non puoi rimanere in silenzio. Devi rispondere ai post di altri utenti e rispondere a tutti i commenti il più possibile. Commenta, consiglia i contenuti altrui e interagisci con loro.

⇒ SCEGLI GLI HASHTAG GIUSTI. Quando scrivi un testo è bene integrarlo con degli hashtag adatti. Il modo migliore è inserirli alla fine del testo o anche all'interno di questo, facendo attenzione che la lettura rimanga fluida. Anche in questo caso, non abusarne. Usa al massimo 5 hashtag e accertati che siano in armonia con il tuo brand, Scegline alcune popolari, ma anche altri di nicchia. Crea # personali, tuoi e della tua azienda, e usali ogni qual volta pubblichi un contenuto. Inizia con la lettera maiuscola così da renderli chiari e leggibili.

CONSIGLI PER CREARE DELLE ADS CHE CONVERTONO

Creare un annuncio/una sponsorizzata è abbastanza facile, ma generare vendite con questa sponsorizzata è difficile. Il rendimento dei tuoi annunci è determinato dall'efficacia del tuo copy. Questo è il motivo, per cui è necessario utilizzare le parole giuste nel testo dell'annuncio, per massimizzare il numero di conversioni. La scelta delle parole gioca un ruolo importante in questo senso, ma ci sono anche altri elementi da considerare:

1. SCEGLI CON CURA IL TUO TARGET. Abbiamo già parlato largamente di questo argomento. Analizza con cura il tuo cliente tipo e imposta i parametri che il social in

questione dovrà usare, per trovare i tuoi utenti. Anche in questo caso, fatti aiutare da un esperto, perché se imposti male queste informazioni avrai pagato, ma senza ottenere l'effetto desiderato.

2. DEFINISCI BENE LA TUA STRATEGIA DI MARKETING. Dopo aver scelto con cura il tuo target di riferimento, devi definire la strategia da attuare per poter raggiungere dei risultati. Definisci:

   - gli obiettivi che vuoi raggiungere;

   - Le risorse a tua disposizione;

   - Il tempo massimo entro cui raggiungere tutti gli obiettivi.

   - Ogni quanto fare la valutazione periodica per valutare i progressi fatti.

Non puoi pensare di andare alla cieca. Hai bisogno di una strategia ben precisa.

3. IMPARA A UTILIZZARE IL PIXEL DI FACEBOOK Il Pixel di Facebook è uno strumento indispensabile per avviare una campagna di marketing su Facebook. Queste misure sono efficaci quanto le tue inserzioni o annunci. Inoltre, lo puoi usare per mostrare le inserzioni a utenti selezionati con cura e aumentare le tue vendite grazie ai risultati ottenuti.

4. VERIFICA IL DESIGN MIGLIORE DA UTILIZZARE PER UN'INSERZIONE. Un modo per capire qual è il design e la grafica attira più clienti è di realizzare più annunci pubblicitari. Crea almeno 3 o 4 annunci e dopo un tempo ragionevole, esamina per ogni campagna quale di quelle create ha ottenuto i maggiori risultati. Valuta i "Mi piace", quanti utenti hanno risposto ai tuoi annunci e quante

condivisioni ha avuto ogni post. Dopo un'attenta analisi, scegli l'annuncio che ha ottenuto il punteggio migliore. Una volta compreso qual è la soluzione migliore per il tuo brand e il tuo target utilizza sempre quella grafica;

5. UTILIZZA IL "CONSENSO SOCIALE" PER VENDERE. Come abbiamo detto prima, la gente si sente più serena, se sa di non essere la prima a realizzare quel prodotto o servizio. Quale annuncio t'ispira maggiormente fiducia: "Prova i nostri pasti sostitutivi per sconfiggere la fame" o " Oltre 1000 clienti hanno provato i nostri prodotti e li hanno amati"? Molto probabilmente la seconda. Sapere di non essere i primi ad acquistare un prodotto ci trasmette fiducia, anche se non conosciamo gli altri consumatori. Potrebbero esserci anche false recensioni o numeri inventati, ma noi clienti non ci pensiamo. Quei numeri ci rassicurano sempre.

6. IMPOSTA UNA CALL TO ACTION EFFICACE. Accompagna sempre il tuo annuncio pubblicitario con una Call to Action efficace. Ormai saprai già cosa deve contenere, dal momento che ne abbiamo parlato parecchio in questo manuale, ma ci tengo a ricordarti un piccolo aspetto: deve essere chiara, comunicando all'utente cosa fare e deve essere ben visibile sullo schermo.

7. PARLA AL CUORE E AL CERVELLO DEI TUOI UTENTI. Per spingere qualcuno a comprare il tuo prodotto o servizio, devi far in modo che il cervello in quel momento sia, per così dire, in armonia con il cuore. Immagina di vedere in televisione l'offerta dell'ultimo prodotto MAC. Costa tanto, troppo, e tu hai un altro computer che funziona benissimo. Poi però in tv vedi l'offerta "Tuo a soli 40 € al mese per 30 mesi". Il tuo cervello ti dice che il computer che hai a casa funziona e che non serve comprarne uno

nuovo. Ma il tuo cuore risponde "Ma è una super offerta! 40€ al mese non ci peseranno" Ed è così che la tua parte emotiva convince la tua parte razionale a comprare quel prodotto. Segui anche tu strategie di questo genere. Fai credere agli utenti che l'occasione che stai offrendo è troppo bella per lasciarsela scappare, e così otterrai l'effetto desiderato.

Un altro modo molto efficace è di sottolineare l'offerta a tempo o per un numero limitato di utenti. Ma se lo dici, lo devi anche mettere in atto, non ti preoccupare se poi devi tornare al prezzo pieno, tanto puoi riprendere la promozione ogni volta che vorrai.

8. SII SEMPRE CREDIBILE. Per acquistare e mantenere nel tempo la fiducia dei tuoi utenti, devi essere sempre credibile. Immagina di vedere un'immagine pubblicitaria che raffigura due donne. Una di 100 kg e una di 40 kg, con un fisico tonico. Accanto c'è una frase che dice "Con la nostra bevanda brucia grassi perderai 10 kg a settimana". Secondo te questo annuncio è credibile? Certo che no! Quando pubblichi un contenuto, ricordati di essere il più credibile possibile. E non mentire mai ai tuoi attuali e futuri clienti. Molte delle persone che visualizzeranno quell'annuncio, non ti conoscono e se la prima impressione non è buona, non ritorneranno sulla tua pagina web e sul tuo profilo.

Seconda parte: Scrittura creativa

La scrittura creativa è quel genere di scrittura che non riguarda
la normale scrittura professionale, giornalistica e tecnica. La
scrittura creativa include romanzi, racconti, poemi e poesie.

Capitolo 7

Storytelling: Come raccontare una storia bella e memorabile

Raccontami una storia! Qualcosa che tutti abbiamo sentito o detto tante volte. Da bambini, è attraverso le storie che iniziamo a imparare come funziona il mondo - ed è per questo che siamo tutti così fortemente attratti dalle storie. Le storie possono invitarci in una realtà impensabile, ci aiutano a imparare o, addirittura, a vedere il futuro, offrono archetipi del bene e del male e possono benissimo giocare con la nostra immaginazione, oltre che con la logica. Una buona storia può vendere tutto - questo vale per libri e film, ma anche per tutto ciò che facciamo nella nostra vita.

Raccontare storie forse è il genere di scrittura creativa da sempre più usato. È vero, ci sono anche delle differenze fra la scrittura, in generale, e lo storytelling, ma ci si concorda sul fatto che raccontare una storia attraverso un contenuto, sotto forma di testo, di video-audio, suscita vere e profonde emozioni.

Lo storytelling lo troviamo applicato in tantissime aree, ma quella che più c'interessa è il marketing. Lo storytelling aiuta a vendere, e tanto!!! Lo storytelling arricchisce una presentazione aziendale o un post per i social media, aiuta a gestire bene un'intervista di lavoro, o scrivere un saggio accademico.

Lo storytelling ha avuto la sua evoluzione, dalle pitture rupestri, dove i nostri antenati raccontavano fatti di vita quotidiana, ai geroglifici egizi, ai canti cavallereschi, alla nascita dei giornali e più tardi con l'apparizione della TV con i suoi reclami e la pubblicità, i videoclip, alla nascita dei blog e il boom dei social network e il digital storytelling. L'era digitale, con il suo canale video, ha reso popolare il triangolo fatto da una parte dagli utenti, dall'altra parte gli influencer/youtuber ec.c e in mezzo il contenuto – la storia, il messaggio da condividere con gli utenti. Questa condivisione con un utente così onnipresente e sempre connesso, porta lo storytelling al prossimo livello: parliamo lo di *storydoing,* quando l'utente è parte della storia, essendo co-creatore di prodotto e di esperienza. Lo *storydoing* significa tempo reale, significa mostrare ora cosa sta facendo l'azienda, significa interagire e coinvolgere in questo momento la tua audience.

Ognuno ha una storia da raccontare! Le migliori storie finiscono per incantare il pubblico, per diventare virali, per essere ricordate per sempre. Ancora oggi mi ricordo la storia presentata in sede TED dal dodicenne Masai, Richard Turere. Questo ragazzino, con una naturalezza disarmante, non fa altro che trasportare il suo pubblico in un altro mondo, raccontando una storia vissuta e la sua invenzione per risolvere un problema stringente – quello degli attacchi dei leoni ai loro bestiami: per via della storia, delle immagini che aveva scelto, per il linguaggio semplice, per la sua veridicità.

Per anni, le aziende hanno applicato il meccanismo dello storytelling. Ma come farlo, se vogliamo avere dei risultati notevoli? Ci sono alcuni accorgimenti da tener in mente o diamo ruota libera alla nostra creatività? Prima di tutto bisogna pensare alla storia come processo ed ecosistema.

Lo storytelling è un'arte e come l'arte, ciò richiede creatività, visione e abilità. Richiede anche tanta pratica, specialmente se la stai raccontando dal vivo/video. Ci sono dei passi da compiere per creare una storia di successo, ben **organizzata**, con un messaggio valido e dei risultati misurabili. Possiamo dire che lo storytelling come processo deve, come minimo, toccare i seguenti punti:

1. Trova l'idea e fai delle ricerche, se necessario.

Ho sentito tantissime volte le persone dire: *Ma io non so (cosa) raccontare.* E la mia risposta, invariabilmente, è: *Ma conosci i tuoi prodotti? giusto? Sai quali sono le tue esperienze finora? Bene! Racconta questo!* Quali situazioni hai incontrato, quali ricordi e sensazioni hai su clienti, prodotti, eventi nella vita di tutti i giorni.

Trova quella storia vera, da te vissuta o da altri (famiglia, amici, conoscenti) o inventata.

Una volta trovate l'idea, poniti le seguenti domande:

- Qual è il mio collegamento con questo argomento?
- È motivante per il mio pubblico?
- È riconoscibile?
- Posso raccontare questa storia in pochi minuti?
- Che tipo di lavoro devo fare, per essere in grado di raccontare questa storia? (ad esempio: devo fare ricerche o raccogliere dettagli da altre persone?)
- C'è del materiale (foto, statistiche, grafici, video) che posso usare per raccontare la mia storia?

Queste domande ti aiuteranno a scegliere, tra le tante idee, quella vincente: la storia da raccontare.

2. Pepara la storia dal punto di vista:

- ➤ Dell'obiettivo: il "perché creare e raccontare una storia? cosa voglio ottenere, pubblicandola e promuovendola".
- ➤ Del pubblico target: Conosci bene il tuo pubblico? Perché spesso ti dovrai mettere nei suoi panni.
- ➤ Delle emozioni, sensazioni o reazioni che vuoi suscitare nel tuo pubblico.
- ➤ Delle Immagini di qualità, con potere persuasivo: devono essere esteticamente piacevoli e, se sono foto di un prodotto, devi anche avere immagini con il prodotto nel contesto, mentre viene utilizzato.
- ➤ Del design pulito, facile da seguire sul sito o negli annunci pubblicitari.
- ➤ Dell'invito all'azione, relativo alla storia che stai raccontando / scrivendo.
- ➤ Delle testimonianze e recensioni dei clienti – tutti adorano i contenuti generati dagli utenti! perché veri, realistici.
- ➤ del metodo semplice e chiaro con il quale il cliente / utente può passare all'azione (contattarti: numero di telefono, modulo di contatto, chat dal vivo, ecc, comprare il prodotto ecc.).
- ➤ Del tipo di storia: scritta, video, audio, di persona (o zoom adesso).

3. Pensa bene alle 5C della tua storia

Lo storytelling, a differenza della scrittura creativa, non applica il principio Show, don't tell. Stando al corso online promosso dalla HubSpot Academy, nello storytelling sono importanti le 5C (dalle parole in inglese Circumstancies, Curiosity, Characters, Conversations, Conflict): le circostanze, la curiosità, i personaggi, i dialoghi e il conflitto.

- Circostanze - Imposta la scena della tua storia. Una buona introduzione dirà al pubblico ciò che bisogna far sapere immediatamente. Non lasciarli in sospeso.
- Piuttosto, fornisci loro un contesto per stimolare la loro curiosità.
- Curiosità: adesso che hai ottenuto la loro attenzione, come la manterrai? Coinvolgi il loro interesse naturale e usalo durante la tua storia. Questo trucco lo farà creare una sete di sapere cosa succede dopo, lasciandoli desiderare di più.
- Personaggi: incorporando un elemento umano nella tua storia, il pubblico si può identificare con la situazione che viene raccontata. Presenta un problema a una persona e il pubblico avrà modo di tifare per il tuo eroe.
- Conversazioni: siamo animali socievoli e amiamo le conversazioni molto più che i numeri, le statistiche. Da evitare il linguaggio troppo aziendale, sii colloquiale e abbina il tuo tono di voce all'argomento della tua storia (se la presenti oralmente). Prendi Apple, per esempio. Computer e smartphone sono un argomento piuttosto complicato da descrivere al consumatore tipico. Utilizzando storie di vita reale, loro sono stati in grado di descrivere esattamente come i loro prodotti avvantaggiano gli utenti ... invece di fare affidamento su un gergo tecnico, che pochissimi clienti avrebbero capito.
- Conflitto: la parte più critica di ogni storia è il conflitto: crea dramma, tensione e dubbio. Il personaggio principale della storia deve affrontare un conflitto e qualcosa di significativo che accade ,richiede una decisione critica.

4. Cura bene le tecniche, le parole da usare e i dettagli e le immagini da usare.

Puoi usare delle figure retoriche specifiche per la scrittura creativa (la metafora, l'iperbole, i colpi di scena, ecc.). Le parole usate devono sempre essere pertinenti al tipo di emozioni e stati d'animo vogliamo creare. Se voglio sottolineare quanto mi sia piaciuta una determinata cosa, userò di certo termini espressi in maniera positiva, che diano forza alla sensazione piacevole che ho provato nel fare quella cosa, e non userò termini espressi in forma negativa. Dirò quindi: "Mio cugino è eccellente pianista" e non dirò mai "mio cugino non è male come pianista".

Ricordiamoci che le parole hanno il potere di sedurre il nostro pubblico. Usiamole bene!

È noto già che il contenuto che riesce a coinvolgere maggiormente è quello, che combina una narrativa avvincente con immagini e dialoghi stimolanti.

Le **immagini** che inserisci nella tua storia devono catturare l'attenzione. E come? Ricordati che nessuno vuol vedere una qualunque foto rappresentando, per esempio, un ufficio, dove tre uomini in abiti scuri, seduti su delle sedie alte in un ufficio sterile intorno a un tavolo bianco con un paesaggio urbano sullo sfondo. Quando le immagini sono scelte con cura, possono scatenare emozioni profonde e portare a un maggiore coinvolgimento. Gli studi sull'eye-tracking dimostrano che quando le immagini sono rilevanti, un lettore trascorrerà più tempo a guardarle, piuttosto che a leggere il testo. Detto ciò, quando devi scegliere una fotografia, pensa sempre come fare per far scattare delle emozioni nel tuo pubblico e creare delle connessioni. Tieni d'occhio le immagini che trasmettono rilevanza culturale e umanità rispetto alla tecnologia. Non dimenticare anche di citare i crediti, se usi delle immagini coperte da copyright.

Soprattutto nelle presentazioni aziendali, lo storytelling spesso viene rafforzato dalle **statistiche e grafici**. La bellezza dei grafici è che puoi comunicare principalmente attraverso le immagini, non le parole. Fantastico! Ma bisogna accertarsi che ci sia anche del testo che accompagna i grafici: sempre una leggenda (dove citi anche la fonte) e spesso delle frasi/titoli di forte impatto; il testo deve essere conciso e pertinente. Se stai facendo riferimento a un lavoro più ampio, è utile scegliere i pezzi più interessanti da visualizzare e utilizzare i grafici come teaser. Infine, scegli un titolo accattivante, un tipo di carattere di facile lettura e assicurati che il tuo testo non sia troppo piccolo.

5. Identifica e trasmetti dei next steps chiari e attuabili

Entra in contatto con il tuo pubblico, raccontando una storia in tre parti: una storia di "sé", "noi" e adesso." La storia del sé è creare un gancio emotivo che ispira ed è in grado di influenzare il tuo pubblico. La storia di noi è identificare un terreno comune tra te stesso e il pubblico. La storia di adesso è l'elemento più critico, perché ruota attorno a un forte invito all'azione. Ricorda, l'obiettivo di raccontare la tua storia è convincere. Comunica chiaramente il tuo invito all'azione e traccia cosa vuoi che faccia il pubblico come passo successivo. Tutto deve essere coerente con la storia che hai raccontato.

6. Scrivi lo script

Inizia a scrivere ricordandoti tutto, quanto detto ai punti precedenti. Se può aiutare, compila in una scheda gli elementi della tua storia. Scrivi e riscrivi fino a quando non sei convinto del tuo elaborato.

Keep it short and simple, cerca di farti aiutare dalle tecniche già in uso, delle vere formule di successo.

- La formula più ricorrente è quella dell'**Eroe** (Hero's Journey). Funziona più o meno così: il personaggio principale, l'eroe, affrontando molte avversità e sfide, si avventura nell'ignoto per acquisire qualcosa di se stesso o qualcosa di cui ha un disperato bisogno. Per raggiungere quest'obiettivo, l'eroe mostra coraggio superando gli ostacoli, vincendo le sue più grandi paure e prevalendo di fronte al disastro totale. E una volta che i mostri sono stati sconfitti, l'eroe torna a casa. Partenza – Iniziazione – Ritorno sono le tappe del suo viaggio.

Esercizio: *Crea la storia dell'eroe (il tuo cliente) che deve affrontare una sfida impossibile (come, ad esempio, avere uno smartphone fragile) solo per tornare trionfalmente al sicuro (tramite la custodia dello smartphone del tuo marchio).*

- Un'altra formula interessante e, molto spesso usata, è quella **Before-After-Bridge**. Viene usata molto negli articoli di blog, negli aggiornamenti sui social media e le campagne di e-mail marketing. Consiste in Before – sinonimo del problema, After – racconta una situazione, dove il problema non esiste più, Bridge – spiega come arrivarci. Questa formula rivela il lieto fine, prima di raccontare la soluzione che ha portato al lieto fine. Un po' come quei film che iniziano prima con la fine. Nel caso del marketing, vuoi mostrare ai tuoi clienti quanto potrebbero essere felici prima di dire loro che il tuo prodotto, è ciò che li renderà felici. Una tecnica simile è quella Problem-Agitate-Solve.

Esercizio: *Racconta una fastidiosa esperienza del cliente e poi racconta come gli altri clienti hanno trovato una via d'uscita. Racconta poi come il tuo prodotto li ha aiutati a uscirne fuori.*

- La formula delle **4P (Promise, Picture, Proof, Push):**
  - ❖ Promettere per catturare l'attenzione
  - ❖ Successivamente, usare la forza delle immagini, del linguaggio vibrante, descrittivo e coinvolgente. Un ottimo modo per farlo è convincere il lettore a

immaginare come i benefici di un risultato desiderato lo rendono felice.

- ❖ Provare. Ora che hai impostato il tono e hai mostrato al pubblico che i tuoi contenuti sono utili, è il momento di fornire una piccola prova delle tue affermazioni e punti. Statistiche, grafici, studi citati, qualunque cosa ti serva per dimostrare i vantaggi e la credibilità della tua soluzione, usala.
- ❖ Spingere. E, ultimo ma non meno importante, la spinta. La spinta è l'importantissimo invito alla fase di azione, la parte dei tuoi contenuti che incoraggia e persuade il tuo pubblico a fare affari con il tuo marchio.

Ci sono anche altre tecniche/formule che puoi scegliere: AIDA, la formula di Dove Lieber, la tecnica di Simon Sinek, quella di Dale Carnegie, o Elon Musk, la tecnica della Piramide di Freytag: la struttura in cinque atti, la tecnica Star-Chain-Hook per citarne alcune. Sta a te scegliere la più adatta o, perché no, creare una tecnica tutta tua (nelle prossime pagine troverai dei consigli).

Io trovo molto interessante la tecnica di Simon Sinek. Probabilmente hai già sentito parlare di Simon Sinek? È molto probabile che tu abbia ascoltato dei suoi video, il più famoso è quello della conferenza TED, e, in caso contrario, non ci sono problemi. Ecco perché siamo qui. Uno dei suoi libri di maggior successo è *Start With Why*, un'idea dalla quale Simon ha iniziato a cercare di capire cosa è andato storto, con la sua prima attività imprenditoriale. Dice che le persone non comprano quello che fai, ma PERCHÉ fai quello che fai. Comprano la storia dietro questa domanda. La sua tecnica parte dall'interno della questione, dal Perché, passa per il Come, per finire poi a parlare del Cosa. "Qual è il tuo scopo? Qual è la tua causa? Qual è la tua convinzione? Perché esiste la tua organizzazione? Perché ti alzi la mattina? E perché dovrebbe importare a qualcuno?" Le persone e le organizzazioni ispirate pensano, agiscono e comunicano dall'interno verso l'esterno: perché, come e cosa. Ma attenzione a fare le domande nella giusta ottica. Questo perché deve essere rilevante per il pubblico target, non per le aziende. Se la prospettiva non è quella dei potenziali clienti, difficilmente questa tecnica darà dei risultati.

7. Controllo qualità

Leggi e rileggi quello che hai scritto. In seguito, coinvolgi anche altre persone in modo da avere un feedback oggettivo. Procedi con dei test, in base al tipo di storytelling scelto – se video, se solo audio o per iscritto.

8. Feedback e spunti di riflessione

Una volta creata e condivisa la tua storia, vorresti sapere che tipo d'impatto hai avuto? Ottimo! Inizia con i tuoi obiettivi originali per il progetto. Cosa speravi di fare? Puoi raccogliere informazioni su come molte persone hanno visualizzato il tuo video, dove si trovano queste persone e molti altri dettagli. Puoi anche rivedere commenti (se disponibili), per vedere come viene ricevuta e condivisa la tua storia. Non esiste un unico modo per misurare l'impatto della tua storia. Se si tratta di una storia digitale, usa tutti i parametri del caso: viene visualizzata? Diventa virale? Sta arrivando ad un pubblico giusto? Se invece si tratta di una storia davanti al tuo pubblico: la gente interagisce con me? Ci sono gli applausi e/o domandi finali? E non dimentichiamoci la prova regina: il mio *call to action* ha avuto seguito? Se la risposta è **Sì**, complimenti! Altrimenti, cerca di migliorare rivedendo il tuo lavoro!

Capitolo 8

Quali sono gli ingredienti per la scrittura creativa

Qui di seguito ci sono alcuni passi da compiere. Vedremo come:

⟹ trovare l'ispirazione per realizzare una storia meravigliosa;

⟹ realizzare una trama memorabile;

⟹ Aggiungere personaggi indimenticabili;

⟹ Aggiungere azione, dramma e suspense;

⟹ Scrivere in maniera chiara, pulita, curiosa e incitante;

⟹ Trovare la disciplina di riferimento;

⟹ Non dimenticare le revisioni, più di una;

⟹ Chiedere un parere;

Seguire queste linee guida ti aiuterà a realizzare un testo, che lascerà il segno nel cuore dei tuoi lettori.

1. <u>Trova quella bella, favolosa idea del tuo pezzo</u>

Il primo passo da fare è quello di trovare l'idea giusta. Ogni giorno viene pubblicato un numero infinito di contenuti su internet, che si aggiungono a quello che le case editrici regolarmente pubblicano. Quindi come trovare l'ispirazione per poter realizzare un contenuto memorabile e che interessi i lettori?

> LEGGI

Più leggerai e più troverai ispirazione. Leggi articoli di vario genere, dai romanzi agli articoli di giornale, e leggi sia contenuto scritti da autori famosi che da autori emergenti. Cerca di capire cosa piace maggiormente alle persone e usa quelle informazioni per trovare nuove idee;

> ORGANIZZA IL LUOGO DOVE SCRIVERAI

Immagina di scrivere in un ambiente in disordine, eccessivamente caldo o freddo e su una sedia scomoda. Le idee potrebbero svanire all'improvviso. Scrivi sempre nello stesso posto e fai in modo che questo sia ordinato e pulito. Scegli una postazione comoda e che non ti distragga dallo scrivere.

> EVITA DI FARE PIÙ COSE CONTEMPORANEAMENTE

La nostra mente è in grado di fare più cose contemporaneamente. Quando scriviamo però, non possiamo far questo. Quando scrivi, dedicati solo alla scrittura. Lascia da parte gli altri impegni, i messaggi sul telefono. Scrivi e basta!

> PORTA SEMPRE CON TE CARTA E PENNA

L'ispirazione può arrivare in qualsiasi momento. Ma se non sarai preparato, potresti rischiate di perdere le idee. Prendi subito nota di qualsiasi idea ti viene in mente. Se non vuoi portare con te carta e penna, puoi usare le app sul telefono che ti permetteranno di prendere appunti e lo avrai sempre con te.

> SCRIVI REGOLARMENTE

Immagina di dover iniziare a allenarti per perdere peso. Secondo te, sarebbe meglio allenarsi una volta al mese per 3 ore o tutte le settimane 2 volte a settimana per mezz'ora? Sicuramente meglio allenarsi per mezz'ora, ma farlo regolarmente.

Lo stesso vale per imparare a scrivere bene. Meglio scrivere poco ma sempre, che scrivere tanto ma di rado. Organizza le tue giornate, per trovare il tempo di scrivere anche solo mezz'ora al giorno. Più scriverai e più diventerai sempre più brava.

➢ ESCI E GUARDATI INTORNO

A volte l'ispirazione arriva anche grazie alle piccole cose. Se non trovi più l'ispirazione, esci e vai a fare una passeggiata. Guardati intorno e osserva la gente intorno a te. Ascolta le loro storie e prendi appunti silenziosi. Non scrivere esattamente quello che senti per motivi di privacy, ma utilizza quelle informazioni per trovare storie belle e che possano piacere al tuo pubblico.

➢ ASCOLTA QUANDO TI PARLANO.

A volte le idee arrivano anche semplicemente parlando con i tuoi amici e parenti. Quando queste arrivano, segnale per non dimenticarle.

➢ ASSICURATI DI AVERE LE COMPETENZE NECESSARIE PER SCRIVERE

Dopo aver trovato l'idea geniale che stavi aspettando, assicurati di avere le competenze necessarie per scrivere. Queste sono indispensabili per scrivere un contenuto che emozioni il lettore e colpisca il loro cuore. Se sei in grado di scrivere, esamina le informazioni in modo veloce e soffermati sugli esercizi per poterti allenare, ma se ti rendi conto di non avere le competenze necessarie, concentrati molto su ognuno di questi aspetti e alla fine fai ogni singolo esercizio di scrittura. Questo ti aiuterà a migliorare o acquisire competenze necessarie per scrivere un romanzo, racconto o una poesia favolosa.

2. <u>Costruisci attorno alla tua storia</u>

Una volta trovata una buona idea, devi creare attorno alla tua storia.

Questa è indispensabile per avere successo. Quando leggiamo una storia, dobbiamo far in modo che il lettore si incolli alle pagine del libro e ami la tua storia. Farlo non è facile, ma una volta capito come, diventerà naturale e lo farai senza problemi. Per costruire una trama solida e ben strutturata, devi seguire delle linee guida:

> CREA UNA SCALETTA

Crea una scaletta ben dettagliata. Non preoccuparti se sia davvero valida, perché potrai cambiarla in seguito. L'importante adesso è reperire il maggior numero di idee.

La storia dovrà essere lineare, perché altrimenti per il lettore sarà difficile rimanere incollato alle pagine del libro.

> ARRICCHISCI LA TRAMA CON DELLE SOTTO TRAME

Le sotto trame hanno il compito di arricchire e complicare la trama principale. Queste devono accrescere le tensioni e aiutarci a conoscere meglio i nostri personaggi e il loro modo di agire.

> STRUTTURA OGNI CAPITOLO

Ora che hai arricchito la scaletta originale, devi esaminare un capitolo alla volta e strutturarlo per bene, arricchendolo se necessario. Ogni capitolo deve essere in armonia con il resto del libro e deve dare sempre più informazioni al lettore sui protagonisti, senza però svelare troppo.

Puoi usare la tecnica del cliffhanger: in altre parole, lasciare una scena a metà, così da spingere il lettore a continuare la lettura del capitolo successivo. Ogni elemento di ogni capitolo deve avere una funzione e rispondere al meccanismo di causa-effetto.

> INSERISCI UN CONFLITTO

Senza un conflitto, la storia sarà piatta. Perciò se non l'hai già aggiunto alla tua storia, pensa a un conflitto per poterla arricchire e renderla più avvincente. Un conflitto narrativo è il problema che sconvolge la vita dei personaggi, in modo più o meno intenso. Questo fa avanzare la trama, rendendola più dinamica. Spezza l'equilibrio del tuo personaggio e aiutalo a prendere consapevolezza di sé e delle sue ambizioni, per poter raggiungere l' obiettivo specificato all' inizio.

> RISPONDI ALLE 5 W

La tecnica delle 5 W (dai termini in inglese) consiste nel rispondere alle domande chi (Who?), cosa (What?), quando (When?), dove (Where?) e perché (Why?) e inserire le domande nel modo corretto all'interno del testo. Quando scrivi un romanzo o un racconto, questa tecnica è di vitale importanza. Guarda la scaletta e dividi ogni capitolo per scene. Assicurati che ognuna di queste scene risponde alle domande.

- Chi è il protagonista di questa scena?

- Dove si trova ?

- Sta vivendo quell'esperienza in quel momento o è un flashback?

- Cosa sta facendo?

- E perché ?

Assicurati che leggendo, i tuoi lettori capiscano fin da subito cosa sta accadendo e perché. Se un passaggio è poco chiaro approfondiscilo. Ma ricorda: non svelare informazioni importanti al tuo lettore.

➢ SCEGLI IL PUNTO DI VISTA CHE USERAI PER RACCONTARE LA STORIA

Il punto di vista è il punto di osservazione utilizzato per narrare una storia. Una storia può essere raccontata da diversi punti di vista: in prima persona, in seconda persona, in terza persona soggettiva e con il narratore onnisciente. Scegliere il giusto punto di vista e di fondamentale importanza, poiché questo influenzerà in una certa misura la storia. Ecco perché è indispensabile conoscere bene la differenza tra questi quattro punti di vista per rendere coerente il tuo testo.

La prima persona è il punto di vista di un personaggio e l'intera scena narrativa, attraverso i suoi occhi. Il personaggio quindi è anche il narratore. È il personaggio che vede ciò che accade e parla tramite noi. Questo è il punto di vista più facile da usare sotto molti aspetti poiché il lettore riesce a immedesimarsi più facilmente nella storia.

Se scegli questo punto di vista, devi fare attenzione a determinati aspetti:

- nelle descrizioni del libro, devi ricordati di far parlare il tuo personaggio e far raccontare attraverso i suoi occhi;

- Puoi raccontare solo ciò che il personaggio narrante vede, conosce e prova. Quindi, non puoi raccontare scene in cui lui è assente;

- Se lui non è presente nella scena descritta, deve essere ben chiaro che ciò che sta raccontando lì, è stato in precedenza raccontato da altri;

- Non descrivere sentimenti e stati d'animo degli altri personaggi. Solo del personaggio narrante.

Un esempio di testo scritto in seconda persona è questo manuale. Infatti, in questo caso il testo sarà rivolto al lettore o a un altro personaggio. Così facendo, puoi parlare direttamente con il lettore, ma se non sei già espero di scrittura, te lo sconsiglio per i romanzi, perché sarebbe difficile mantenere questo punto di vista nel modo corretto.

La terza persona soggettiva vede il punto di vista esterno ai personaggi, ed è la forma più usata nei romanzi contemporanei. Puoi descrivere ogni personaggio, ma non puoi vederci dentro. Questo significa che non puoi narrare le loro emozioni, paure e sentimenti.

Il narratore onnisciente invece, oltre a essere anche lui esterno ai fatti, conosce profondamente ogni personaggio e sa tutto di loro. Può narrare cosa pensa un personaggio, cosa prova è perché si comporta in un certo modo. Pur essendo abbastanza semplice da usare però, presenta lo svantaggio che a differenza della prima persona per il lettore è più difficile immedesimarsi nella storia. In questo caso il narratore può decidere se rimanere neutrale e limitarsi a raccontare la storia o dare un giudizio per ogni personaggio e avvenimento.

C'è poi un altro punto di vista, chiamato punto di vista multiplo. Questo significa raccontare una storia dal punto di vista di un personaggio e poi alternare e raccontare lo stesso pezzo dal punto di vista di un altro personaggio principale. Questo permette ai lettori di conoscere a fondo i personaggi principali usati e di farli sentire loro amici. La difficoltà che però comporta questo punto di vista è che nello scrivere, devi prestare attenzione a non confondere le personalità del personaggio e i loro modi di agire.

Prima di iniziare a scrivere, scegli bene il punto di vista da utilizzare e accertati di essere pienamente sicuro di usarlo nel modo giusto.

➤ SCEGLI IL TEMPO DELLA NARRAZIONE

Dopo avere scelto il punto di vista da usare, è bene scegliere il tempo della narrazione, ovvero il contesto temporale in cui vogliano inserire la storia. Possiamo scrivere al passato o al presente, ma l'importante è che il tempo che usiamo sia sempre in armonia con il punto di vista scelto.

Inoltre possiamo usare due figure, che se inseriti nel modo giusto daranno un valore aggiunto alla storia: i *flashback* e i *flashforward*. I flashback sono molto utili quando vogliamo dare al lettore maggiori informazioni, per comprendere i personaggi e il loro vissuto. Per farlo, basta far fare un salto indietro con la mente al nostro personaggio e non appena finiamo, farlo ritornare alla realtà. I flashforward, invece, sono caratterizzati da salti nel futuro, dove il personaggio immagina come sarà la sua vita a distanza di giorni, settimane o anni. In altri casi invece, se la storia è scritta al passato, ci anticipa qualche particolare riguardi ai personaggi. Possiamo usare i flashforward per creare suspense e incuriosire il lettore, tenendolo incollato alle pagine del nostro libro.

Imparare a usarli ti darà modo di giocare con il lettore e tenerlo incollato alle pagine del libro.

3. <u>Aggiungici dei personaggi indimenticabili</u>

Per scrivere una storia che lasci un segno, devi soffermarti sui personaggi. Questi emozioneranno il lettore e lo spingeranno a schierarsi dalla parte di un personaggio, piuttosto che di un altro. Per raggiungere il cuore dei lettori, devi far in modo che si affezionino ai personaggi creati e inizino a considerarli amici.

Ma, prima di elencare le caratteristiche importanti che ogni personaggio deve avere, devi sapere che ci sono vari tipi di personaggi e per rendere la tua storia credibile, devi inserirli tutti.

- i personaggi principali sono coloro su cui si basa il romanzo o il racconto, e che hanno un ruolo centrale.

- I personaggi secondari aiutano quelli primari a raggiungere i propri obiettivi o li ostacolano.

- Le comparse compaiono solo per poche righe all'interno del tuo romanzo, come la cameriera di un ristorante o quell'autista che si ferma per farti attraversare.

I primi due dovranno essere approfonditi e realizzati con cura, gli ultimi invece hanno solo la funzione di rendere credibili i personaggi e le loro storie, quindi non c'è bisogno di soffermarci più di tanto.

Perciò, aggiungi le comparse alla tua scaletta e inizia a fare una scheda per ogni personaggio principale e secondario, incominciando dalla protagonista. Per ognuno di loro, assicurati che rispecchi queste caratteristiche:

o ASPETTO FISICO

Pensa ai tuoi personaggi come sono esteticamente e fai un identikit. E alto o basso? Magro o in carne? Di che colore ha gli occhi? Come il suo sorriso? Ha la carnagione chiara o scura? Ha qualche segno particolare? Ecc. Aver ben chiaro in mente le caratteristiche fisiche di ogni personaggio ti aiuterà a dar loro un volto e a descriverli nel modo giusto nell'arco del racconto;

o ASSEGNA A OGNI PERSONAGGIO PREGI E DIFETTI

Tutti noi abbiamo sia qualità positive che negative. Prendi la scheda di ogni personaggio e crea per ognuno di loro una personalità. È ansioso? È curioso o indifferente? Quali sono i suoi obiettivi e cosa fa per raggiungerli? È un tipo geloso e competitivo? È timido e s'imbarazza facilmente? E paziente o ...? Umile o orgoglioso? Quali sono le sue paure ?

Man mano che alle caratteristiche fisiche, aggiungi le sue qualità immaginali nella testa e pensaci durante la giornata. Ovviamente, tutto per rendere credibile il personaggio.

o   DAI UN PASSATO AI TUOI PERSONAGGI

Tutti noi abbiamo un passato e questo ci condiziona. Fai in modo che anche i tuoi personaggi l'abbiano. Fatti delle domande del tipo: cosa ha dovuto affrontare ogni mio personaggio? Quali situazioni o esperienze l'hanno portato a essere quello che e adesso ?

Scrivi per ognuno almeno 2 o 3 righe, segna qual è il punto più adatto per mostrare questo aspetto dei personaggi e poi aggiungilo alla tua storia per mezzo dei flashback.

o   SCEGLI DEI NOMI FACILI DA PRONUNCIARE

Ti è facile ricordare nomi stranieri molto difficili da leggere? Sicuramente no. Se non riusciamo a pronunciare il nome di un personaggio, come faremo a ricordarlo?! Scegli un nome che di ricordi facilmente, ma che allo stesso tempo sia originale.

o   SCEGLI NOMI ADATTI ALL'AMBIENTAZIONE SCELTA

Se il tuo romanzo è ambientato in Italia, non puoi chiamarli tutti con nomi stranieri.

Ci sta che un personaggio ha un nome straniero, come anche tra noi Italiani, c'è chi ha nomi non Italiani, ma questi devono essere in minoranza. Così come se hai ambientato il tuo racconto a Roma nel 1500 non puoi chiamare i tuoi personaggi con nomi moderni, come Noemi o Jessica. Scegli nomi che aiutino il lettore a immedesimarsi appieno nella storia.

o   FAI PROVARE AL TUO PERSONAGGIO EMOZIONI VERE

Ognuno di noi prova felicità, tristezza, delusione, ecc.. Quando accade qualcosa fai provare questi sentimenti ai tuoi e rendilo chiaro. Così facendo, i tuoi lettori s'immedesimeranno nei tuoi personaggi e questi rimarranno nel loro cuore.

o   DAI A OGNI PERSONAGGIO UN MODO TUTTO SUO DI ESPRIMERSI

Non siamo tutti uguali. C'è chi nel parlare ha un linguaggio motto forbito e chi invece usa regolarmente parolacce. C'è chi non sbaglia mai un verbo e chi invece raramente indovina una ....

Anche nei libri succede la stessa cosa. Ti è mai capitato, infatti, in un dialogo, di sapere benissimo chi stesse parlando, perché conoscevi il suo modo di esprimersi?

Il tuo scopo deve essere proprio questo. I lettori devono essere sempre in grado di capire chi dei tuoi personaggi sta parlando, anche quando non lo specifichi.

Per farlo, però, devi conoscere molto bene i tuoi personaggi e le loro caratteristiche.

Ci vuole pratica e impegno per riuscirci, ma dopo aver imparato bene come fare i tuoi personaggi, saranno veri e indimenticabili.

o   NON SEMPLIFICARE LA VITA DEL TUO PERSONAGGIO

Cercare di risolvere sempre le difficoltà che i nostri personaggi affronteranno può non essere la scelta migliore. Salvo che il tuo personaggio non sia un viziato, dovrà imparare ad affrontare i problemi della vita quotidiana proprio come accade nella realtà. Puoi aiutatelo una sola volta, ma dopo di che dovrà imparare a cavarsela da solo.

o   CREA PERSONAGGI VULNERABILI.

Così com'è importante che un personaggio risolva un problema proprio come nella vita reale, è altrettanto importante che non dia l'impressione di essere perfetto. Se stiamo narrando di un personaggio che vuole smettere di fumare, non possiamo pretendete che da un giorno all'altro smetta e non provi più il desiderio di fumare. Sicuramente ci saranno volte in cui avrà il forte desiderio di ricadere nel suo vizio e a volte succederà. Se la protagonista della nostra storia ha deciso invece di troncare una relazione dannosa con un uomo che però ama, senza dubbio ogni tanto sarà tentata di chiamarlo o mandarli un messaggio, e se lui la inviterà da lui per bere qualcosa, le prime volte accetterà e magari faranno anche l'amore.

Crea personaggi veri con cui il lettore possa immedesimarsi e rivedersi attraverso.

o   MOTIVA OGNI SCELTA DEI PERSONAGGI

Tutti noi, nel fare delle scelte più o meno importanti, siamo motivati da sentimenti, emozioni, stati d'animo e desideri. Se ci mettiamo a dieta, è perché vogliamo avere un aspetto migliore e mantenere una buona salute, se ci sposiamo o andiamo a vivere con qualcuno e perché siamo motivati dall'amore, e così via. Per ogni scelta che prendiamo, c'è sempre una ragione dietro. Una volta stabilito gli obiettivi e le passioni di ogni singolo personaggio, saranno proprio loro a motivare ogni cosa che farà.

o   FAI EVOLVERE I PERSONAGGI

Un errore che molti scrittori alle prime armi fanno è quello di scrivere personaggi piatti e che nell'arco della storia non si evolvono. Se all'inizio della storia la protagonista e timida e non ha il coraggio di realizzare i suoi sogni, alla fine del libro deve trasformarsi in una ragazza forte e determinata. Se il personaggio maschile all'inizio è arrogante e presuntuoso, perché ha sofferto tanto in passato e non vuole più soffrire, alla fine del libro deve innamorarsi della protagonista e diventare più buono e umile.

Le esperienze vissute ci cambiano. Lo stesso deve accadere ai protagonisti dei nostri romanzi e racconti.

- FAI RICERCHE APPROFONDITE PER DETERMINATI LAVORI

Un'altra cosa da fare è cercare di essere realisti.

Se stai scrivendo un libro giallo e la protagonista del tuo romanzo è una psichiatra che ha in cura un pericoloso criminale pazzo, chiedi direttamente a un esperto come procedere in quei casi. Quale protocollo si applica, come ci si comporta in quel determinato territorio dove si svolge l'azione del tuo racconto. Se non conosci nessuno disponibile ad aiutarti, fai delle ricerche su internet. L'importante è che quando scrivi di un personaggio con competenze specifiche, ti sforzi almeno un po' per acquisire le competenze basi e i trucchi del mestiere, per evitar di cadere in cliché o errori. Ma, come fare se nonostante tutto, noti che ancora non riesci a entrare nei tuoi personaggi?

Segui questi altri consigli e vedrai che andrà tutto bene:

- ❖ PRENDI SPUNTO DALLA GENTE INTORNO A TE

Se non riesci a scrivere riguardo a personaggi immaginari, scrivi su persone che conosci. Riporta su un pezzo di carta le caratteristiche di tutti quelli che hai scelto per ispirarti nella realizzazione del racconto e mischia tra loro le varie caratteristiche, per renderli irriconoscibili.

- ❖ I PROTAGONISTI DEVONO DIVENTARE TUOI AMICI IMMAGINARI PER UN PO

Non voglio dirti che dovrai parlare con loro e ridere da sola in casa. Assolutamente. Voglio solo dire che devi iniziare a pensare a loro come persone reali. Quando noti qualcosa che non va, chiediti come reagirebbero loro a quella scelta e cosa farebbero. Più li vedrai come persone reali, più sarai in gradi di scrivere di loro in modo originale.

❖ RIFLETTI SU TUE ESPERIENZE PASSATE

Usa le tue esperienze passate per aiutare i tuoi personaggi a prendere decisioni ed esternare sentimenti. Se la tua protagonista rimane fuori casa, ripensa a quando anche a te è capitato e cosa hai provato. Come ti sei sentita? Come hai risolto il problema?

Se il tuo protagonista è ansioso, perché non sa se dichiararsi con la ragazza che ama, pensa a quando anche tu ti sei trovato davanti a quella scelta. Cosa già fatto? Cosa ti ha aiutato a scegliere? Come ti sei sentito mentre riflettevi? E dopo aver preso la decisione?

❖ METTITI NELLE SITUAZIONI DEI PERSONAGGI

A volte dobbiamo scrivere riguardo a un'esperienza, che non abbiamo mai vissuto.

Che cosa fare in questi casi? Cerca di metterti nella situazione che vuoi descrivere, se possibile, e descrivi le tue stesse emozioni e paure. Se la protagonista del tuo romanzo è legata mani e piedi in una stanza buia, il modo migliore per scrivere ciò che prova ed escogitare un modo per liberarsi è quello di farsi legare e provare tu stesa a liberarti, per scrivere in modo più realistico. Questo non vuol dire che devi metterti in pericolo, però. Se il tuo protagonista deve passare da un balcone all'altro, provarlo di persona non sarebbe molto saggio, ma anzi sarebbe pericoloso. In questi casi, il massimo che puoi fare è chiudere gli occhi e provare a immaginare.

Creare personaggi veri e che trasmetti delle emozioni ai lettori non è facile, ma è indispensabile se vuoi che il tuo libro piaccia ai lettori.

4. <u>Aggiungi azione, dramma e suspense</u>

Se vuoi tenere il lettore incollato alle pagine del libro, devi dosare questi tre elementi.

Una scena d'azione scritta bene piacerà tanto il lettore, che non vedrà l'ora di arrivare alla fine del libro.

La suspense è la tecnica di tener incollato il lettore alle pagine del tuo libro, dosando bene le informazioni, dandole al tempo giusto e nascondendo piccoli particolari ai lettori. Questi elementi andranno poi disseminati nel corso della storia, per rendere il racconto o romanzo più avvincente.

Se usate nel modo giusto, tutte e tre queste caratteristiche contribuiranno a dare un tocco di pepe e originalità al racconto, incollando il lettore alle pagine del libro.

Ma per farlo ricordati di:

- Evitare frasi troppo lunghe che distrarrebbero il lettore facendolo soffermare su dettagli inutili;

- Far agire con urgenza i personaggi;

- Focalizzarti su dettagli importanti e che darebbero valore alla scena narrativa;

- Non perderti in descrizioni non rilevanti per l'azione, come il colore dei mobili e delle tende per esempio;

- Imitare i grandi autori esaminando regolarmente scene simili e prendendo appunti;

- Essere chiaro, poiché se il lettore sarà costretto a tornare indietro e rileggere un pezzo perché non ha capito cos'è successo, la carica narrativa perderà di potenza;

- Usare il rallentatore nelle scene più calde;

- Utilizzare i Cliffhanger, ovvero i cosiddetti finali in sospeso. Possono essere paragonati alle ultime scene di una puntata di una serie tv, e nel caso sia una storia scritta, ha lo scopo di spingere il lettore a continuare la lettura dei capitoli successivi.

Questo è ciò che spinge un lettore a finire un libro di 300 pagine in una settimana.

Usalo anche tu e il lettore sarà dipendente dalla tua storia;.

✓ SEMINA DUBBI

Di tanto in tanto, semina dubbi su vari personaggi o fai credere al lettore che ha capito come finirà il libro, per poi scoprire che si sbaglia. Questo aumenterà il suo desiderio di terminare la stesura del libro il prima possibile;

✓ VARIA LA TENSIONE

Non possiamo pretendere di mantenere il livello di tensione invariabile dall'inizio alla fine, poiché questo a lungo andare stancherebbe il lettore.

Varia il livello di tensione, usando picchi in un capitolo e abbassamenti di tensione nei capitoli successivi, fino quasi a scomparire per poi aumentare di nuovo. Questo appassionerà il lettore, che non sarà in grado di interpretare il tuo comportamento.;

✓ SE POSSIBILE, MOSTRA QUALCOSA CHE I PERSONAGGI NON SANNO

Se hai scelto di usare il narratore onnisciente per raccontare la storia, mostra ai lettori qualcosa che il protagonista non sa per creare suspense.

Puoi descrivere l'assassino dietro il lampione pronto ad aggredire il personaggio, o la macchia di rossetto sulla camicia di un uomo sposato. Mostra ai tuoi lettori qualcosa che ancora non sanno, così che stia con il fiato sospeso.

5. <u>Scrivi in maniera chiara, pulita, curiosa e incitante</u>

Scrivere un libro non è per niente facile. Per piacere a un pubblico vasto, un libro deve avere caratteristiche ben precise. Dopo aver strutturato la trama, fatto la scheda dei personaggi e aggiunto un pizzico di azione, dramma e suspense, devi passare alla parte più difficile: scrivere il tuo romanzo o racconto. Questi significa che devi aggiungere particolari alla tua storia, per renderla ancora più solida e emozionante.

La tua storia deve essere

- Chiara;

- Pulita;

- Curiosa;

- Incitante.

Nei primi due casi, basta avere ben chiara in mente la trama e, dopo averla controllata per bene, iniziare a scrivere il libro basandosi su quella, facendo attenzione che non ci siano incongruenze e contraddizioni all'interno della trama.

Per avere una storia curiosa e incitante, invece, è indispensabile seguire regole ben precise, che tengano il lettore con il fiato sospeso e lo incuriosiscano, al punto di divorare il proprio libro.

Ecco di seguito le caratteristiche principali di una storia curiosa e incitante:

Show don't tell, letteralmente "Mostra, non dire", è un mezzo potente per trasmettere qualcosa al lettore, senza che lui se ne accorga.

Rifletti su questi due esempi.

1) Lei era così emozionata di stare in sua compagnia. Lo amava tento e per questo, mise il silenzioso al cellulare per non essere disturbata: voleva godersi il momento.

2) Il suo cuore batteva così forte da quando si erano incontrati. Credeva che avrebbe ceduto. Non aveva mai provato per nessuno, quello che provava per lui. Era amore? Non lo sapeva, ma voleva godersi ogni singolo momento insieme. Ecco perché premette quel bottone sul telefonino: non voleva che nulla rovinasse quel momento magico.

Quale di queste due descrizioni ti permette di immedesimarti con il personaggio e provare le sue stesse emozioni? Nel primo caso il lettore legge direttamente che la ragazza è emozionata, innamorata e che mette il silenzioso al telefono. Nel secondo caso invece, il lettore percepisce le sue emozioni e quando lei preme un tasto e il lettore è libero di immaginare se mette il silenzioso o lo spegne, oppure riattacca una chiamata. Puoi usare questa tecnica anche per parlare delle caratteristiche dei personaggi. Invece di dire "Marco arrabbiato uscì sul balcone" prova a dire "Marco si alzò e uscì sul balcone, sbattendo la porta alle sue spalle". Il lettore, nel secondo caso, non ha letto che Marco era arrabbiato, ma l'ha capito ugualmente dalla porta sbattuta. Non raccontare un'emozione di un personaggio, mostrale usando le parole.

➤ SCRIVI LA TUA STORIA IN MASSIMO TRE- QUATTRO MESI

È vero che, come vi ho detto più volte, scrivere una storia non è facile, ma anzi è un lavoro che richiede del tempo. Ma allora, perché ti ho detto di completare la stesura in massimo 4 mesi? Perché per avere una storia lineare, chiara e incitante hai bisogni di sentire la storia come una parte di te. Se impiegherai troppi mesi per scriverla, o addirittura anni, potresti correre il rischio di passare da uno stile narrativo a un altro, di perdere di vista il messaggio che la storia vuole trasmettere e iniziare a inserire refusi all'interno del testo. Ma soprattutto, il rischio maggiore sarà quello di sentire la tua storia lontana e non riuscire più a emozionarti nel scriverla.

Se, infatti, refusi e errori grammaticali possono essere corretti in fase di revisione, una storia che non ti emoziona, non ti permetterà di scrivere con il cuore ma solo con il cervello, impedendoti di conseguenza di scrivere un vero capolavoro.

➢ SCRIVI UN INCIPIT BEN FATTO.

L'incipit è l'inizio della storia, e quindi, la prima cosa che il lettore leggerà. L'obiettivo principale è quello di catturare l'attenzione del lettore e spingerlo a continuare la lettura. Affinché questo attiri l'attenzione del lettore, però, deve trasmettere empatia e spingerlo a immedesimarsi in lui, ma allo stesso tempo incuriosire il lettore.

➢ INSERISCI UN FINALE CLAMOROSO

Il finale, al pari dell'incipit, è la parte più importante di una storia, poiché è la prima cosa che il lettore ricorderà.

Questo è il momento in cui il lettore dirà addio ai tuoi personaggi e dal momento che ha atteso tanto per arrivare alla fine del libro, questo dovrà soddisfare le sue aspettative per evitare di deluderlo. Per ottenere ottimi risultati, assicurati che sia in linea con tutta la storia, e che non lasci nessuna domanda in sospeso.

Puoi aggiungere un epilogo alla fine della storia, per porre le basi per un sequel.

In questo caso dovrai porre la tua attenzione sia sul finale che sull'epilogo, assicurandoti che quest'ultimo non rovini il finale;

> RICORDATI CHE NON PUOI SODDISFARE TUTTI I LETTORI

Quando ti metterai a tavolino a scrivere la storia, devi tenere ben chiaro in mentre che non potrai piacere a tutti. Persino Stephen King non piace a tutti. Non tutti ammireranno il tuo stile e il tuo modo di scrivere. Se proverai ad accontentare tutti, mischiando troppi generi letterari o usando un linguaggio vario, la tua storia verrà penalizzata risultando poco chiara e lineare. Crea il tuo lettore ideale e scrivi solo per lui. E vedrai che il tuo romanzo o racconto sarà davvero pulito e curioso, ma soprattutto chiaro e incitante agli occhi dei tuoi lettori.

6. <u>Trova la tua disciplina</u>

Così come non puoi piacere a tutti, non puoi neanche essere in grado di trattare tutti i generi letterari, dando il meglio di te per ognuno di essi. I generi letterari più importati sono una decina e per ognuno, ci sono vari sottogeneri. Rispettare le regole alla base di ogni genere letterario è importante, tanto quanto rispettare le linee guida indicate fino ad ora. Per far questo, però, è importante conoscere le caratteristiche di ognuno. Esaminale attentamente, perché ti serviranno per realizzare l'esercizio della sezione "Esercizi di scrittura creativa" e comprendere qual è il genere letterario più adatto a te.

I generi letterari più importanti sono i seguenti:

> ROMANZO GIALLO

Il racconto o romanzo giallo è caratterizzato da un omicidio. Tutto il libro si incentra sulla ricerca delle cause e del colpevole, ed è disseminato di veri o falsi indizi.

La fine del racconto si conclude sempre con la scoperta del colpevole, che paga per il delitto commesso. Può sembrare un genere letterario abbastanza facile, ma in realtà non lo è. Lo scrittore deve gestire la stesura del racconto in modo attento, per mantenere una giusta suspense.

Se decidi di scrivere un romanzo giallo, non dovrai lasciare nulla al caso. Ogni elemento del libro dovrà essere ben strutturato. Il colpevole deve essere sotto gli occhi del lettore, ma devi distrarlo così che non se ne accorga. Quest'ultimo deve essere mosso da qualità come invidia, paura o desidero di vendetta. Come in tutti i libri, il protagonista deve essere pensato per bene e avere caratteristiche precise. Crea falsi alibi e riempi il libro di bugie e menzogne.

Ambienta il racconto in un posto che conosci bene, così che potrai condire il racconto di dettagli sul luogo. Non copiare da altri scrittori. Se vorrai che il tuo libro abbia successo, dovrà essere originale. Leggi tanti libri gialli e concentrati sulla trama del romanzo, sugli indizi e sulla carica di suspense.

➢ ROMANZO THRILLER

Il genere thriller è scritto con lo scopo di spaventare e creare tensione e paura nel lettore.

Indispensabili sono suspense e tensione, che devono catturare l'attenzione del lettore fin da subito e mantenerla viva fino alla fine. I personaggi principali sono l'eroe e il suo aiutante. L'eroe deve risolvere il mistero, per salvare se stesso e gli altri. L'aiutante invece, deve aiutare l'eroe e sostenerlo nell'indagine. Importante è caratterizzare bene il personaggio cattivo, che deve sfidar l'eroe e metterlo in difficoltà. Come nella vita reale, il protagonista, l'aiutante e il cattivo devono avere forti motivazioni per comportarsi in quel modo. Ogni loro decisione deve essere chiara e giustificata.

Il genere thriller si divide in tanti sottogeneri: il thriller psicologico, fantascientifico, legale, medico, politico e soprannaturale. Ognuno di questi ha caratteristiche ben precise.

> ROMANZO NOIR

Il romanzo noir è caratterizzato da un'atmosfera tetra, cupa e malvagia.

Non confonderlo con il romanzo giallo: nel romanzo noir il protagonista principale non deve per forza essere il buono, ma può anche essere lui stesso la vittima o il criminale.

Se scrivi un racconto o romanzo noir, metti al centro di tutto l'indagine e il protagonista.

L'investigatore può essere anche una persona comune, che indaga per salvare se stesso, chi ama o per raggiungere un obiettivo ben preciso.

Nel disseminare il libro d'indizi, bisogna fare molta attenzione e pianifica tutto per bene. Pensa al movente e rendilo reale e solido. All'inizio, molto probabilmente verrà accusato un innocente, ma poco alla volta dovrai far capire al lettore che, in realtà, lui non è il responsabile, e trovare il vero assassino. Scrivi in un italiano corretto, ma non troppo sofisticato, per non distrarre il lettore. Scegli bene il punto di vista che userai, poiché influenzerà la narrazione. Se scrivi un noir per la volta, ti consiglio di usare la terza persona, così da non avere nessun limite.

Se devi mentire per nascondere la verità, fai mentire uno dei personaggi. Per esempio, se un uomo muore cadendo da un balcone e dalle telecamere di sorveglianza del palazzo di fronte si scopre essere un incidente, non puoi dire alla fine che è stato spinto da qualcuno. Puoi invece far dire a un testimone che l'ha visto avvicinarsi alla ringhiera della terrazza, barcollando ubriaco e solo alla fine far scoprire al lettore che, in realtà ,è stato proprio lui a spingerlo. Se i tuoi lettori saranno ingannati dai tuoi personaggi, rimarranno sorpresi, se invece sarai tu a ingannarli, si sentiranno traditi.

Scegli che tipo di personaggio usare. Detective, investigatori privati e poliziotti hanno compiti diversi e, in base al luogo in cui hai ambientato la tua storia, hanno una certa libertà di scelta e movimento all'interno dell'indagine. Tienine conto, quando scriverai il libro, per evitare di cadere in cliché o in errori da principiante.

Per ultimo, ma non meno importante, presta molta attenzione alla scansione temporale. Se l'assassino del tuo libro ha commesso un omicidio la notte devi ricordartene per tutto il libro. Infatti, se era sul luogo del delitto, non potrai precedentemente descriverlo tutta la notte in un pub a bere o in ospedale dalla mattina fino al giorno dopo. Un lettore attento se ne accorgerebbe, e questo penalizzerebbe il racconto.

O ancora, devi far attenzione che le tecniche usate per risolvere l'omicidio siano in armonia con il tempo, in cui è ambientata la storia. Se scegli di ambientare il tuo libro negli anni 50, non potrai far utilizzare al poliziotto le tecniche all'avanguardia di oggi. Così come se scegli di ambientare il tuo romanzo o racconto ai nostri giorni, non potrai evitare di usare strumenti come il test del DNA, la luce a infrarossi e altri mezzi investigativi famosi oggi.

Accertati che tutto fili liscio come l'olio.

> ➢ ROMANZO HORROR

Ti è mai capitato di vedere un film carico di tensione e sussultare al minimo rumore in casa? Molto probabilmente stavi guardando un film horror.

Un genere, infatti, si definisce horror quando ha come obiettivo principale quello di catturare l'attenzione del lettore usando un sentimento naturale: la paura.

Il romanzo horror, a differenza del genere noir, dove c'è tensione ma non è presente terrore e paura, ha come elementi principali presenze minacciose e surreali, luoghi sinistri e macabri, morti viventi, fantasmi e creature soprannaturali.

I personaggi sono vampiri, fantasmi, demoni, streghe o zombi. O in altri casi invece sono esseri umani molto cattivi e psicopatici. Questi sono strani e tormentati. Belli e dannati.

Se decidi di scrivere una storia del genere horror, dovrai prestar particolarmente attenzione all'ambientazione. Di certo non potrai ambientare i tuoi personaggi in bellissimi parchi, città da favola o centri benessere. Gli ambienti saranno anch'essi macabri. Vengono, infatti, usati molto spesso cimiteri, case infestati da fantasmi o demoni, chiese sconsacrate e palazzi abbandonati e in rovina. Luoghi che incutono timore.

Utilizza la notte e il buio per narrare le vicende e fai in modo che colpi di scena e suspense ci siano regolarmente in ogni capitolo. Più la tua storia incuterà paura e angoscia, maggiore sarà il valore del tuo libro. E i tuoi lettori l'apprezzeranno.

In questo caso il punto di vista più adatto è la prima persona, così da far vivere la storia anche al lettore e aiutarlo a immedesimarsi, così da provare emozioni più intense.

> ROMANZO DI SPIONAGGIO

Il romanzo di spionaggio è un genere letterario, definito anche Spy Story.

L'elemento che caratterizza questi libri è l'attacco alla sicurezza di una nazione o il suo tradimento. Il protagonista sarà quindi un agente segreto, che cercherà di salvare il suo Paese da pericoli e svolte persino dalla morte. Per scrivere libri di questo genere, la regola principale è conoscere bene il paese in cui sarà ambientato il libro, per evitare errori e discrepanze.

Studia quindi le attrazioni turistiche principali, i monumenti politici e gli usi e i costumi del posto, e poi utilizza tutte queste informazioni per realizzare descrizioni realistiche e avvincenti.

> ROMANZO ROSA

Il romanzo rosa è quel genere letterario, che ha come tema centrale l'amore. Lo scopo principale non è informare o divertire il lettore, o meglio non solo. Chi legge un romanzo rosa lo fa per svagarsi e sognare a occhi aperti. Molti pensano che sia il genere più facile da scrivere, ma non è così. Il romanzo rosa deve presentare caratteristiche ben precise per soddisfare il lettore. Sotto molti aspetti, è il genere più complesso.

La storia deve ruotare intorno ai due protagonisti e al loro amore, e alla fine l'amore deve vincere su tutte le difficoltà.

Scegli un'ambientazione da sogno, che faccia sognare le lettrici per tutto il tempo in cui terrai loro compagnia. Soffermati sul personaggio femminile, così che la lettrice possa immedesimarsi in lei, ma allo stesso tempo imparare una lezione importante sul vero amore.

Crea l'uomo perfetto di cui la donna si innamorerà e con cui vivrà il suo sogno. Può essere un dottore o anche un commesso in un piccolo negozio di città, ma l'importante è che sia bello e affascinante. Usa bene le descrizioni, così che la lettrice possa innamorarsi non solo della tua storia, ma anche del tuo uomo.

Per lei, sarà davvero un peccato salutare e dire addio ai personaggi, quando finirà la lettura del tuo libro.

Crea l'antagonista. Questa può essere una persona vera e propria, o anche un difetto, o modo di fare e pensare di uno dei protagonisti. Se è una persona, rendila reale con descrizioni e dalle una motivazione sul perché del suo comportamento. Se invece l'antagonista altro non è che una qualità negativa o modo di fare dei protagonisti, giustificalo. Qualunque elemento di divisione sceglierai di usare, l'importante è che alla fine del libro Lui e Lei siano più uniti di prima. L'amore deve vincere su tutto!

Crea anche un'aiutante, un complice. Questa aiuterà la protagonista e la spingerà a raggiungere i suoi sogni, a superare il suo problema e a vivere felice e contenta con il suo Lui.

Può essere un'amica, un'insegnante, un parente o anche un genitore. L'importante è che voglia bene alla protagonista e che, a differenza dell'antagonista, le renda la vita più semplice.

Aggiungi degli ostacoli da superare, come per esempio la differenza sociale, la distanza geografica, la differenza d'età, differenze culturali, o altri fattori di divisione.

Lascia il lettore con il fiato sospeso, dividendo la coppia per un periodo di tempo limitato, ma poi riunisci di nuovo i personaggi e non separarli più. E soprattutto, prova a far evolvere i tuoi personaggi. Alla fine del libro, questi dovranno essere maturati e con qualità o competenze che prima non avevano. Puoi ambientar la tua storia nel presente o in passato, se deciderai però di ambientare la tua storia in un'epoca passata, assicurati di essere informata sugli usi e i costumi dell'epoca. E fai la stessa cosa per quanto riguarda le descrizioni di paesi e città.

➢ ROMANZO EROTICO

Il romanzo erotico è un genere letterario, che ha come elemento predominante il sesso.

Quest'ultimo viene, infatti, descritto in modo piuttosto chiaro e dettagliato. Ma oltre a descrivere i rapporti fisici tra i due protagonisti, è comunque importante strutturare una trama decisa e lineare che accompagni il lettore. Così facendo si sentirà legato ai protagonisti, imparando a conoscere le loro passioni, desideri e motivazioni alla base delle loro azioni.

Anche in questo genere, è fondamentale l'evoluzione dei personaggi, soprattutto del personaggio femminile. Se all'inizio sarà innocente e ingenua, alla fine del libro dovrà essere una donna indipendente e sicura di sé. L'uomo dovrà essere sfacciato e arrogante, ma alla fine si dovrà innamorare di lei e cambiare, diventando più umile e dolce. Concentrati sulle descrizioni, i dettagli sono importanti, soprattutto quelli legati alle scene del sesso.

> ROMANZO D'AVVENTURA

Nel romanzo di avventura, le caratteristiche principali saranno le sfide che affronterà il protagonista, i luoghi misteriosi e lontani in cui approderà.

La storia è spesso ambientata in luoghi lontani e, alla fine, il protagonista riuscirà a raggiungere il suo obiettivo e sarà considerato da tutto un eroe.

> ROMANZO FANTASTICO

Il romanzo fantastico, detto anche fantasy, è caratterizzato da elementi fantastici e mistici. La fantasia dello scrittore è l'ingrediente principale. Se hai deciso di scrivere un racconto o un romanzo fantasy, ricordati di inserire all'interno della storia personaggi fantastici e mitologici, come per esempio unicorni, draghi, orchi, streghe e giganti ...

I protagonisti devono avere poteri magici o qualità rare, come per esempio una vista e udito amplificati, velocità e forza sovrumana.

Anche per i generi fantasy, inserisci personaggi buoni e cattivi e finisci sempre la storia con il lieto fine. Il bene deve vincere sul male! Ambienta la vicenda in luoghi favolosi e di altri tempi e dai libero sfogo alla tua fantasia.

➢ ROMANZO DI FANTASCIENZA

Il romanzo di fantascienza ha come fulcro centrale lo sviluppo scientifico e tecnologico. Il racconto deve essere ambientato in un mondo reale o inventato, ma l'importante è che questo sia verosimile. A differenza del fantasy però, tutto ciò che accadrà all'interno della storia, dovrà essere spiegato con la scienza, come per esempio muove tecnologie o medicine sperimentali future. La magia non dovrà essere presente. Le tecnologie usate dovranno essere all'avanguardia e descritte per bene, per far comprendere al lettore il perché degli avvenimenti narrati.

Il protagonista deve avere un carattere forte e qualità eccezionali, che li permetteranno di affrontare avventure straordinarie e a volte salvare persino il mondo.

➢ ROMANZO STORICO

Un altro genere importante è il romanzo storico. La sua caratteristica principale è scrivere un racconto o romanzo, che sia in armonia con gli avvenimenti storici. Perciò, se non ami la storia, ti sconsiglio di scrivere questo genere di libro, poiché correresti il grave rischio di inserire nel testo incongruenze e errori.

A questi generi letterari si aggiungono sottogeneri, impossibile da elencare tutti, e che hanno però le stesse caratteristiche di base.

Se vuoi diventare uno scrittore, approfondisci la conoscenza di ognuno di questi generi e poi scegli quello più adatto a te. Dopo averli studiati tutti per bene e aver trovato quello che più ti si addice, ti sconsiglio di cimentarti nella stesura professionale di tutti i generi elencati, almeno inizialmente.

Per scrivere bene, infatti, devi conoscere le caratteristiche del genere letterario su cui stai scrivendo e, salvo che tu non abbia un talento soprannaturale, provare a scrivere su tutti i generi è il modo migliore, per non riuscire a scriverne nemmeno uno nel modo giusto.

Se proprio vuoi essere versatile riguardo a più generi, dopo che sarai diventato abbastanza bravo e ti saprai muovere in un genere letterario, potrai passare a un altro e così vai.

Oltre ai generi letterari ci sono anche le materie di studio. Queste sono particolarmente importanti quando scrivi un manuale o una guida. Esistono guide e libri d'arte, cinema e fotografia, informatica e tecnologia. Ci sono anche manuali di diritto, affari e finanza e politica.

In questo caso è di fondamentale importanza che tu scriva solo riguardo a ciò che hai studiato e che conosci bene. Altrimenti perderesti la tua credibilità.

Ricordati: per scrivere un contenuto di valore devi scrivere ciò che conosci.

7. <u>Non dimenticare le revisioni; più di una.</u>

Affinché il testo sia ben scritto, è indispensabile che sia scritto di getto, per poterlo fare con il cuore ed emozionare il lettore. Ma così facendo, nello scrivere il testo, ci sarà per forza bisogno della revisione. Quante revisioni c'è bisogno di fare per avere un testo scritto bene?

Ne bastano due, a patto però che alla prima revisione, per ogni capitolo, si faccia attenzione a tutti gli aspetti importanti che possono sfuggire in fase di scrittura.

➢ PRESTA ATTENZIONE AI VERBI

Quando parliamo con un nostro amico o parente, non pensiamo ai verbi e questo è la stessa cosa che accade quando scriviamo con il cuore. Ma errori grammaticali possono farci passare per persone poco professionali, ecco perché è importante esaminare tutti i verbi.

Quindi:

- CONTROLLA I CONGIUNTIVI

"Penso che tu abbia bisogno di aiuto" non può trasformarsi in "Penso che tu hai bisogno di aiuto"

- CONTROLLA I TEMPI VERBALI. Se fino a quel momento hai usato il passato non puoi usare il presente.

- SOSTITUISCI I VERBI RIPETUTI. Invece di dire "Lo guardò e disse: "Ti Amo". "Ti amo anch'io" disse lui ... prova a dire "Lo guardò e disse "Ti amo". Lui rispose "Ti amo anch'io"

- CONTROLLA LE CONIUGAZIONI INVENTATI come ad esempio "Luca cuocette la pizza". Il modo giusto di dirlo sarebbe "Luca cucinò la pizza".

➢ FAI ATTENZIONE ALLA PUNTEGGIATURA

Le virgole possono cambiare il senso di una frase, perciò devi prestare la massima attenzione. La stessa cosa vale per gli accenti e l'apostrofo. I punti di sospensione devono essere sempre tre, mai di più o di meno. I punti esclamativi infine, indicano stupore e meraviglia oppure un ordine, e anche loro non vanno abusati. Basta usarne uno solo.

➢ RIVEDI I PERSONAGGI

Come abbiamo già visto, affinché il lettore s'incolli alle pagine del tuo libro, deve amare i personaggi e sentirli suoi amici. Deve fare il tifo per loro e imparare qualcosa. Deve crescere insieme ai personaggi. Perciò, mentre esamini un capitolo alla volta, rivedi questi punti principali:

- I PERSONAGGI DEVONO RIMANERE COERENTI dall'inizio alla fine del libro. Se all'inizio della storia abbiamo visto che la protagonista vuole diventare una ballerina, alla fine del libro non può diventare una cantante e rifiutare una proposta importante di lavoro nel mondo della danza, salvo che non ci sia un motivo valido che andrà comunque spiegato;

- OGNI PERSONAGGIO DEVE ESSERE UNICO. Chi legge il tuo libro sarebbe in grado di capire in ogni momento chi parla, il suo modo di parlare, gesticolare, i suoi tic ... cosa lo rendono unico?

- OGNI AZIONE DI UN PERSONAGGIO DEVE SERVIRE A QUALCOSA. Ogni cosa che il nostro personaggio fa deve avere uno scopo. Se non c'è, valuta di eliminare quel pezzo e sostituirlo con un altro più utile per il lettore;

- EVITA I CLICHÉ. I personaggi devono essere originali e unici. E il cliché non lo sono.

  ➢ FAI ATTENZIONE AI DIALOGHI

I dialoghi accompagnano il lettore nel percorso di lettura. Questi devono essere verosimili, ma non veri. Se sono troppo artefatti, confonderanno il lettore, se sono invece troppo reali, lo annoieranno. Prendi un libro di un grande autore ed esamina attentamente come struttura e usa i dialoghi nel modo corretto, e imitalo. Fai attenzione che i dialoghi siano in linea con i personaggi. Un ragazzo mediocre difficilmente parlerà con un linguaggio forbito e professionale, così come un intellettuale difficilmente userà termini volgari o sbaglierà i verbi.

Cerca di togliere i dettagli superflui tra un dialogo e l'altro!

  ➢ DAI PIÙ COLORE ALLE DESCRIZIONI

In questo caso, l'unica cosa importante da dire è SHOW, DON'T TELL. Mostra, non raccontare. Lascia che sia l'autore a immaginare il personaggio e l'ambiente intorno a sé. Il tuo compito è di guidarlo inserendo piccoli particolari. Il resto, lascialo fare a lui.

> RIESAMINA IL PUNTO DI VISTA USATO

Assicurati che, in ogni capitolo, il punto di vista usato sia sempre lo stesso. Inoltre, fai attenzione alle incongruenze. Se usi il punto di vista interno, usando la prima persona, non puoi parlare dei sentimenti di un altro protagonista o di cosa sta succedendo al piano di sopra in sua assenza. Verifica che non ci siano incongruenze e che tutto fili liscio.

Nella seconda revisione, è necessario leggere senza fermarsi mai, prendendo solo qualche appunto se necessario, ma senza interrompere la lettura. Esamina se ti è sfuggito qualcosa e, se necessario, ritorna in un altro momento e correggi tutto ciò che non va.

8. <u>Chiedi un parere</u>

Il tuo libro ora è pronto per essere pubblicato. Ma prima di procedere, devi chieder un parere. Il libro è una tua creazione e, proprio come un genitore con suo figlio, potresti essere troppo soggettivo. Perciò è necessario far leggere il tuo libro a qualcun'altro e chiedere loro un parere.

La cosa migliore è farlo leggere a quante più persone possibili, così da avere un'idea ancora più chiara e precisa e, soprattutto, libera da pareri personali troppi soggettivi. In questa fase, però, devi fare una scelta importante, ovvero devi scegliere a chi affidarti. A amici e parenti o a persone estranee. Il mio consiglio è di affidarsi, almeno per il momento, ai cosiddetti Beta Reader. I Beta Reader sono lettori appassionati che leggono diversi libri in un solo mese e che danno pareri sinceri sul libro letto. Come faccio a trovare il Beta Reader più giusto per me? Su Facebook ci sono gruppi specifici, dove è possibile trovarne tanti. Nello scegliere quello più adatto per te e per il tuo romanzo, assicurati che ami il genere letterario a cui appartiene il tuo libro, così da avere un parere più onesto e sincero possibile. Se il tuo libro è di genere rosa, non farlo leggere a chi è appassionato di fantascienza e horror, poiché non apprezzerebbe in pieno il tuo romanzo o racconto, e il suo parere non sarebbe molto oggettivo.

Per lo stesso motivo, per il momento ti sconsiglio di far leggere il tuo lavoro a amici e parenti stretti. Perché no?! Perché potrebbero partire con il presupposto che il tuo libro sia un capolavoro, non dandoti la possibilità di capire dove migliorare, oppure potrebbero partire con il presupposto che il tuo libro non sia un granché, e anche in questo caso, il loro parere non ti sarebbe di nessun aiuto, ma anzi ti scoraggerebbero. Ma ricordati una cosa importante: prima di inviare il tuo manoscritto a perfetti sconosciuti, proteggi il tuo romanzo dal plagio.

I Beta Reader fanno questo lavoro per passione e ci si può fidare, ma affinché tu possa dormire sonni tranquilli, ti consiglio di proteggere la tua opera, specialmente se sei un tipo ansioso.

Ma come poter far questo? Hai bisogno di un "documento scritto", non basta far leggere il libro a un amico fidato per poter tutelare il tuo diritto d'autore. Ecco di seguito alcune cose che puoi fare:

> ➤ registra il tuo romanzo alla SIAE o in un servizio web specializzato come <u>copyright.it</u>;

> ➤ invia una copia del tuo romanzo via e mail a amici o parenti;

> apri una PEC e invia a te stesso una copia del tuo romanzo;

> invia a te stesso il tuo romanzo in una copia cartacea tramite raccomandata con ricevuta di ritorno e apri la busta solo in caso di assoluta necessità;

> deposita il tuo libro presso la biblioteca nazionale;

> tramite deposito notarile. In questo caso, salvo che tu non sia ricco o certo di avere un grande successo con il tuo romanzo, ti sconsiglio di utilizzare questa opzione poiché è molto costosa.

Capitolo 9

Esercizi di scrittura creativa

Così come per qualsiasi altra attività, anche nella scrittura creativa, la pratica è fondamentale per raggiungere risultati eccezionali. Probabilmente all'inizio non ti sentirai un grande autore, ed effettivamente le tue opere potrebbero non essere di grande valore. Ma, allenandoti ogni giorno, in poco tempo migliorerai in questa disciplina.

Infatti, uno dei vantaggi che noterai nello svolgere regolarmente gli esercizi, sarà che imparerai a scrivere più velocemente. Perciò non arrenderti, se mentre stai facendo i primi esercizi, ci metterai un'ora solo per trovare un'idea che ti piaccia. Poiché noterai che, man mano che inizierai a svolgerli, acquisirai sempre più competenze importanti in questo settore e, di conseguenza, le idee e ispirazioni verranno fuori facilmente e senza alcuno sforzo.

Il trucco per riuscirci è essere costanti nello svolgere questi esercizi.

Come fare? Definisci un orario in cui lasciare tutto il resto e dedicarti solo a svolgere gli esercizi. Inoltre, crea un ambiente adatto che ti possa incoraggiare a scrivere e che non ti distragga. Fatto? Allora adesso puoi iniziare!

Prendi carta e penna, e concentrati!

Per fare alcuni di questi esercizi, non dovrai far altro che usare l'immaginazione e scrivere, per altri invece dovrai andar in un posto preciso, come un parco, una stazione e a volte anche in un ripostiglio. Se alcuni esercizi ti sembrano che si ripetono più volte, falli ugualmente, poiché il punto di vista che dovrai usare non sarà mai lo stesso, ma cambierà a seconda dell'esercizio e della sua finalità. E questo ti sarà di grande aiuto.

Gli esercizi sono divisi per obiettivo. Svolgili tutti e fallo in ordine cronologico. All'inizio, leggi la traccia e rifletti attentamente per qualche secondo, prima di iniziare a scrivere.

Solo dopo aver scritto tutto, per ogni sezione di esercizi e per ogni esercizio, esamina le informazioni trattate nella parte precedente. Quando è chiarito il punto di vista da usare per narrare la storia, accertati che questo sia in armonia con quanto scritto. Se l'esercizio la conterrà, potrai leggere l'analisi e confrontarla con ciò che hai scritto. Ma, l'analisi non è contenuta in ogni esercizio, poiché alcuni di loro sono molto simili. Prendi appunti riguardo agli errori commessi e fanne tesoro per gli esercizi successivi. Fanne almeno uno al giorno e vedrai che, in poco tempo, la tua capacità di scrittura migliorerà e sarai in grado di scrivere meglio e più velocemente.

Esercizi per trovare l'ispirazione

> Prendi un libro che hai già a casa e che non hai ancora letto e aprilo a una pagina a caso. Leggi ciò che sta scritto e trova l'ispirazione per un racconto. Dopo di che scrivilo;

> Per un giorno interno, ogni volta che sei fuori casa, sul pullman, al supermercato, alle poste, cerca di trovare l'ispirazione per un nuovo racconto. Stai fuori casa il più a lungo possibile. Se però, non ti è possibile uscire di casa, ascolta il telegiornale e naviga sui social, sempre con l'obiettivo di trovare

un'ispirazione. Segna ogni idea che ti viene in mente sul quaderno e poi scrivi un racconto;

Esercizio per imparare a strutturare un romanzo

> ➢ Chiudi gli occhi e immagina di scrivere la tua biografia. Ora, fai la scaletta degli avvenimenti più importanti, come se ognuno di questi dovesse finire in un capitolo del tuo libro. In seguito, per ogni avvenimento, cerca di ricordare qualcosa correlato a quell'evento e che ha influito sulle tue decisioni e avvenimenti successivi. Per ogni tappa della tua vita, aggiungi motivazioni e sogni che ti hanno guidato. Aggiungi tutto quello che per te è davvero importante. Poiché questo esercizio ti porterà via molto tempo, potrai decidere se completarlo in un solo giorno o se dividerlo in due.

> ➢ Quando ti troverai a strutturare la trama del tuo racconto, o meglio ancora del tuo romanzo, fai la stessa cosa con i tuoi personaggi, con il loro passato e con i loro sogni e obiettivi per il futuro;

Esercizio per migliorare i dialoghi

> ➢ Vai su YouTube e cerca un audio-racconto breve. Ascoltalo.

Successivamente, prendi carta e penna e inizia a trascrivere la storia, prestando maggiore attenzione ai dialoghi.

Esercizi per allenare la fantasia

> ➢ Stai andando in vacanza. Guardi dal finestrino della tua auto e noti un cane che è stato abbandonato... Racconta la storia dal tuo punto di vista.

Attenzione: Hai raccontato di come sia finito in quel posto? Hai parlato dei suoi sentimenti? Se non l'hai fatto, bravissimo! Tutto ciò che puoi sapere, è ciò che vedi direttamente con i tuoi occhi.

> Apri il giornale e scopri che un uomo che abitava nella tua città è stato ucciso. L'arma usata è un coltello;

> Vai a una festa e ti ubriachi. Racconta cosa è successo e com'è andata a finire;

> Ascolta la tua canzone preferita e scrivi un racconto ispirandoti alle parole, allo stato d'animo;

> Ascolta una canzone che non conosci e scrivi un racconto su quel testo;

> Ascolta una canzone per bambini e inventa una favola con gli stessi personaggi e avvenimenti contenuti nella canzone;

> Riscrivi la fiaba di Cenerentola con queste caratteristiche: Cenerentola è cattiva e le sorellastre e la matrigna sono buone;

> La mamma di Cenerentola non è morta, ma è stata rapita. Cenerentola e il principe devono salvarla;

> Riscrivi la storia di Cappuccetto Rosso: il cacciatore è un pericoloso assassino e il lupo invece è un eroe;

> Hansel e Gretel: cosa sarebbe successo se non avessero trovato la casa di marzapane?

> La Bella Addormentata: E se il principe non fosse mai arrivato?

> La Bella e la Bestia. Cambia la storia. Lui è il bello e lei la bestia;

> Pinocchio: la fata madrina in realtà è una strega cattiva;

> Alice nel Paese delle meraviglie: Ambienta la storia in un mondo reale e non immaginario;

> Racconta la giornata tipo di un uccellino;

> Racconta la giornata tipo del tuo pesce dal TUO punto di vista.

Attenzione: Nel raccontare, hai tenuto conto che il tuo punto di vista è limitativo? Se hai descritto solo ed esclusivamente ciò che vedi e sentì tu, hai fatto benissimo. Se invece hai descritto i sentimenti e pensieri del tuo pesce, ricordati che non puoi esserne a conoscenza. Tienilo bene a mente quando andrai a svolgere gli esercizi successivi;

> Scrivi una lettera al te bambino di 10 anni;

> Scrivi una lettera al te anziano;

> Ricevi una lettera indirizzata a te stesso, che hai scritto all'età di 15 anni;

> Scopri di aver vinto un milione di euro alla lotteria. Cosa fai?

> I dinosauri sono tornati;

> All'improvviso spariscono computer, e Internet, telefoni, lavatrici, automobili e tutto ciò che è tecnologico. La gente è confusa e arrabbiata;

> Ti avvicini al cane di un amico per accarezzarlo, e improvvisamente scopri di riuscire a parlare con

lui. Ti dice che sta per accadere qualcosa di brutto. Che cosa accade dopo?

➢ Racconta l'ultimo giorno nel grembo di tua madre;

➢ Scopri di essere invisibile per 24 ore. Cosa decidi di fare?

➢ Una persona a te cara che era morta, ritorna in vita;

➢ Racconta il giorno della tua morte;

➢ Descrivi la vita di una farfalla;

➢ Ricorda il tuo primo giorno di scuola e scrivi una storia al riguardo;

➢ Ti svegli e ti rendi conto che sai parlare un'altra lingua. Che cosa accade dopo?

➢ Un bambino si perde in un centro commerciale. Racconta cosa accade dal TUO punto di vista;

➢ Rimani bloccata in ascensore con un bel ragazzo, e scatta il colpo di fulmine. Che cosa accade dopo ?

➢ Rimani bloccata in ascensore con un pericoloso assassino. Inserisci elementi come paura e suspense. Scrivi un incipit che incuriosisca il lettore.

Esercizi sul punto di vista

➢ Leggi una storia e cambia il punto di vista del narratore. Usa tutti i punti di vista;

➢ Riprendi in mani la storia del cane abbandonato. Riscrivi la storia dal suo punto di vista.

Attenzione: In questo caso, narra i sentimenti del cane e descrivi i passaggi che l'hanno portato a essere abbandonato. Lo hai fatto? Hai raccontato attraverso i suoi occhi? Se sì hai fatto molto bene!

> Un uomo è stato trovato morto, con accanto un coltello insanguinato. Scrivi cosa è accaduto realmente, descrivendo la scena dell'omicidio dal punto di vista del coltello;

> Racconta un episodio della tua infanzia e aggiungi particolari inventati. Il racconto deve avere caratteristiche del racconto fantasy: posti incantati, specchi magici e frutti miracolosi;

> Racconta un ricordo della tua infanzia dal punto di vista del giocattolo;

Attenzione: ricordati, chi narra la storia non sei tu ma il giocattolo scelto;

> Racconta di quel giorno in cui tu o un tuo amico vi siete ubriacati, dal punto di vista del bicchiere.

Attenzione: Il narratore è il bicchiere stesso. Nel racconto, non deve essere presente nessun particolare, di cui il bicchiere non possa essere a conoscenza, come per esempio le motivazioni che vi hanno spinto a ubriacarvi;

> Scrivi di un litigio tra te e un amico al ristorante, dal punto di vista del cameriere.

Attenzione: il cameriere non può sapere informazioni riguardo alla vostra vita privata. Perciò presta attenzione ai dialoghi riportati e alle considerazioni dei protagonisti;

> Ricorda il tuo primo appuntamento con tuo marito dal punto di vista di lui;

Attenzione: Hai narrato solo le sue emozioni, i suoi sentimenti e sensazioni personali? Se sì, hai fatto benissimo! Se hai menzionato anche particolari inerenti a te, rimuovili.

> Descrivi una partita a calcio;

> Descrivi una partita a calcio, dal punto di vista della palla;

> Racconta una giornata tipo del tuo pesciolino rosso, dal suo punto di vista;

> Racconta il giorno del tuo matrimonio;

> Racconta il giorno del tuo matrimonio dal punto di vista dei tuoi genitori;

> Racconta il giorno del tuo matrimonio dal punto di vista del cameriere;

Attenzione: la descrizione dovrà essere molto oggettiva, poiché il cameriere non ti conosce;

> Racconta il giorno della tua nascita dal punto di vista dell'ostetrica;

> Racconta il giorno della tua nascita, dal punto di vista dei tuoi genitori;

> Parla di una pandemia dal punto di vista del virus;

> Racconta il tuo primo giorno di scuola, dal punto di vista del tuo zaino;

> Racconta il tuo primo giorno di scuola dal punto di vista della maestra;

> Racconta Cenerentola dal punto di vista del principe;

> Racconta I tre porcellini dal punto di vista del lupo;

- ➢ Racconta Pinocchio dal punto di vista della fata turchina;

- ➢ Racconta Hansel e Gretel dal punto di vista della strega;

- ➢ Racconta Biancaneve dal punto di vista dei sette nani;

- ➢ Un bambino si perde. Racconta cosa è successo dal punto di vista della mamma;

- ➢ Dei ladri entrano in casa e sequestrano un bambino. Racconta la storia dal punto di vista dei ladri;

- ➢ Dei ladri entrano in casa e sequestrano un bambino, Racconta la storia dal punto di vista del bambino;

Esercizi per allenarsi a fare le descrizioni

- ➢ Vai su Google, cerca la foto di una donna qualsiasi e descrivila;

- ➢ Vai alla fermata del pullman e osserva la prima persona che ti passa accanto. Immagina il suo carattere e la sua personalità e descrivila;

- ➢ Vai in un parco e guarda giocare un bambino che non conosci. Immagina il suo futuro e scrivi una storia al riguardo;

- ➢ Vai in un parco e siediti sull'erba, meglio se a piedi nudi. Chiudi gli occhi e ascolta i rumori attorno a te. Respira a pieni polmoni e goditi la sensazione dell'erba fresca o bagnata sulla tua pelle. Descrivi il parco;

➢ Vai in montagna. Annusa i profumi intorno a te e ascolta i rumori e i suoni. Descrivi il luogo;

➢ Vai al mare e siediti sulla sabbia. Annusa il profumo del mare e della salsedine e concentrati sul rumore delle onde. Scrivi un racconto che abbia come protagonista il mare;

➢ Vai alla stazione e osserva la prima coppia che si saluta. Scrivi una storia;

➢ Vai all'aeroporto e osserva gli aerei partire. Scrivi una storia che abbia come protagonista un passeggero di un aereo;

➢ Sei in un museo e un uomo che non può vedere ti chiede di descriverli un quadro;

➢ Descrivi un posto in cui sei stato in vacanza;

➢ Descrivi la Torre Eiffel;

➢ Descrivi il Duomo di Milano;

➢ Descrivi il sole a un non-vedente;

➢ Descrivi il rumore;

➢ Descrivi il silenzio;

Esercizi per emozionare, descrivendo le emozioni

➢ Parla del tuo sbaglio più grande;

➢ Racconta il tuo più grande rammarico;

➢ Scrivi 500 parole riguardo alla persona che ha avuto maggiore impatto nella tua vita;

➢ Racconta di quella volta in cui hai avuto paura;

- Cosa riesce a crearti ansia? Raccontalo, descrivendo nel dettaglio sentimenti ed emozioni;

- Scrivi di quella volta in cui ti sei commosso;

- Devi scegliere tra l'amore e la carriera. Descrivi la tua lotta interiore;

- Assaggia qualcosa che già sai che non ti piace e descrivi il disgusto provato con 300 parole;

- Hai vinto un appartamento a New York. Immagina la tua euforia e descriverla;

- Racconta di un giorno davvero felice;

- Racconta quella volta in cui sei stato davvero geloso;

- Immagina una situazione imbarazzante e descrivila;

- Racconta di quella volta in cui dovevi essere più paziente;

- Fuori piove e a casa non hai nulla da fare. Descrivi la noia in 500 parole;

- Parla di ciò che ti fa davvero arrabbiare;

- Qual è la cosa che odi di più al mondo? Descrivi le emozioni che scaturisce dentro di te;

- Fai un bagno una doccia rilassante. Subito dopo parla di come ti usando solo 100 parole;

- Parla di quella volta in cui ti sei sentita una persona sola;

- Descrivi la tua più grande delusione. Che cosa hai provato?

Esercizi per incipit e finali originali

> ➤ Prendi un romanzo, anche questa volta uno che non hai mai letto prima, e leggi solo l'ultimo capitolo. Crea un racconto che finisca in quel modo;

Per svolgere questo esercizio, puoi usare il libro di ieri, ma questa volta leggi il primo capitolo. Esamina attentamente tutte le informazioni che hai e scrivi un racconto basandoti su questo incipit;

Esercizi per il genere giallo, thriller, noir

Per ogni traccia indicata di seguito, scrivi racconti di tutti e tre i generi letterari.

> ➤ Un uomo viene trovato ucciso e, accanto a lui, c'è un biglietto in cui dice di essersi suicidato. Ma le prove conducono in un'altra direzione;

> ➤ Un uomo si sveglia nel suo letto, nel bel mezzo della notte, sporco di sangue, con un coltello in mano e la moglie accanto a lui morta. Che cosa è accaduto? Scrivi un finale mozzafiato;

> ➤ Il colpevole è il protagonista;

Esercizio per racconti o romanzi horror

> ➤ In una piccola città, ogni mese un bambino scompare e non viene più ritrovato. Accade la

stessa cosa da venti anni. Spiega il perché e risolvi il caso;

Esercizio pe libri di spionaggio

> Un uomo deve catturare una spia, ma scopre che la spia è la figlia;

Esercizi per romanzi rosa

> Scrivi riguardo al tuo primo amore;

> "Crea" l'uomo perfetto;

> Romeo e Giulietta non muoiono. Dai loro un lieto fine;

> Due ragazzi, che inizialmente si odiano, rimangono intrappolati in uno sgabuzzino tutta la notte. Il giorno dopo qualcosa tra loro è cambiato;

Esercizi per romanzi fantasy

> Un ragazzo scopre di avere il poter di fermare il tempo, grazie a un anello regalatogli dal padre;

> Due fratelli scoprono un mondo incantato, abitato da fate e orchi;

> Vedi un film genere fantasy e scrivi il sequel;

Esercizi per romanzo storico

> Scrivi un racconto ambientato nell'antica Roma;

> Scrivi un raccontato ambientato negli anni 60 in piena Guerra Fredda;

> Scrivi un racconto ambientato ai tempi di Hitler;

> Scrivi una storia ambientato a Firenze. Sei amico di Lorenzo il Magnifico e vai a trovarlo a casa sua;

> Sei un soldato durante la prima guerra mondiale e devi partire per la guerra;

Attenzione! In questo caso, creatività e fantasia non devono andare oltre la verità storica, quindi è opportuno conoscere bene il periodo storico, gli eventi, i personaggi facendo delle ricerche e documentandosi.

Esercizi per romanzi di fantascienza

> Gli alieni hanno invaso la Terra;

> Un virus ha dimezzato la popolazione. Un eroe sta creando un siero per guarire;

> Un giorno all'improvviso il Sole smette di illuminare la Terra. Che cosa accade?

Questi sono dei semplici esercizi di scrittura creativa, che ti aiuteranno a trovare l'ispirazione, migliorare la tua tecnica narrativa e a imparare a scrivere velocemente. Svolgi ognuno di questi esercizi e confronta ciò che hai scritto con quanto spiegato nelle pagine precedenti. Se t'impegni, in poco tempo raggiungerai risultati eccezionali.

Conclusioni

Mi piace sempre ricordare una sublime lezione di copywriting, offerta da uno dei più grandi copywriter - Rosser Reeves. Forse lo conosci già, è meglio conosciuto per aver creato l'USP, o Unique Selling Proposition, un'idea insegnata in quasi tutti i corsi di marketing. Reeves ha creato lo slogan per le caramelle M&M: "si scioglie in bocca, non in mano".

Un giorno, Reeves e un collega stavano pranzando a Central Park. Sulla via del ritorno a Madison Avenue, incontrarono un mendicante, che aveva in mano un cartello e una coppa per le donazioni. Il cartello diceva: SONO CIECO. Il mendicante è stato per lo più ignorato dai passanti. Reeves si è rivolto al suo collega e ha detto: "Scommetto che posso cambiare solo poche parole e migliorare notevolmente i suoi risultati". Si piegò e versò delle monetine, poi prese il cartone, lo girò e vi scrisse un'altra frase. Più tardi il pubblicitario ripassò davanti al mendicante cieco e notò che il suo cappello era pieno di monete. Il non vedente, riconoscendo il passo dell'uomo, gli domandò cosa avesse scritto poco prima sul cartone. L'uomo rispose: "Nulla che non sia vero. Ho solamente riscritto la tua frase in modo diverso". Sorrise e continuò per la sua strada. Il non vedente non seppe mai che, sul suo pezzo di cartone, c'era scritto: "OGGI È PRIMAVERA E IO NON POSSO VEDERLA". Emozionante e brillante, vero? Questo è il copywriting.

Hai appena finito di leggere questa guida e la tua testa è piena d'idee. Probabilmente, ti starai chiedendo: "Da dove comincio?". La miglior cosa è iniziare pensando a che punto sei nel tuo percorso per diventare un esperto di scrittura persuasiva o creativa, quali sono i tuoi obiettivi a breve, o lungo termine, e, in che modo gli strumenti offerti in questa guida possono essere utili per la tua attività.

Prendi ciò che ritieni sia meglio per la tua situazione, metti tutto nel giusto contesto, approfondisci, se necessario, e scrivi contenuti che possano entusiasmare e vendere! Se non ce la fai la prima volta, non arrenderti! Perfeziona ogni volta il tuo stile e vedrai che i risultati inizieranno ad arrivare!